내러티브 상담코칭

자기 내러티브 안에 답이 있다

NARRATIVE COACHING

based on
NARRATIVE THERAPY

고정은 · 오정근 공저

학지사

서문

"내러티브는 어떻게 삶의 가능성이 되는가"

코칭에 내러티브 접근이 필요한 이유

코칭은 철저히 내러티브(자기서사)다. 왜냐하면 클라이언트가 코칭을 통해 다루고 싶은 이슈는 자기 이야기, 즉 내러티브로 전달되기 때문이다. 코칭은 매 세션마다 클라이언트의 '자기 이야기'를 탐색하는 과정이기도 하다. 클라이언트의 내러티브가 있기 때문에 코치는 클라이언트의 내러티브 속 언어에 담긴 인식의 단서를 찾아내기가 수월하다. 이처럼 코칭은 주제와 관련한 자기 내러티브에서 출발하여 코칭 현장 안팎의 여정 모두가 내러티브로 남게 된다.

내러티브 코칭은 클라이언트가 자신의 삶과 경험에 대한 이야기를 재탐색하는 과정을 통해, 그 의미를 자신의 관점에서 재구성할 수 있도록 지원한다. 이 과정에서 코치는 클라이언트가 자신을 지배해 온 이야기(대체로 부정적이거나 타인의 시선에 의해 형성된)와 경험을 분리하고, 대안적 이야기(Alternative Story)로 이동할 수 있도록 돕는다. 예를 들어, 과거 실패 경험을 '성장의 밑거름'이라는 새로운 이야기로 재구성하여 자신감과 의욕을 회복하게 돕는 식이다. 코치는 클라이언트가 과거에 경험한 의미 있는 성취나 변화를 이야기로 나누며, 더 긍정적이고 희망적인 이야기의 공동 저자 역할을 한다.

코칭 대화는 단순한 문제 해결이 아니라, 클라이언트의 이야기에 교감하며 앞으로 나아갈 수 있는 새로운 이야기를 함께 만들어 가는 창조적 과정이다. 예를 들어, 코치가 질문과 경청을 통해 클라이언트가 자신도 몰랐던 내면의 이야기를 발견하고 발전시키기도 한다.

코칭에서 클라이언트가 꺼내는 자기 이야기는 자기 인식과 성장의 동력을 제공한다. 왜냐하면 이야기 속에는 클라이언트의 욕망이나 가치관, 사고방식 등이 담겨 있기 때문이다. 또한 클라이언트의 서사는 자신의 현재 상태를 비롯하여 환경과 맥락을 이해하고 변화하는 데 중요한 역할을 한다. 개인의 이야기뿐 아니라 그것이 놓인 사회적 · 문화적 배경을 함께 고려하면서 의미가 확장된다. 이처럼 클라이언트의 삶의 이야기가 갖고 있는 힘을 활용하는 것이 내러티브 코칭이다. 코칭은 단순한 기술적 대화가 아니라 클라이언트가 내러티브를 통하여 자기 존재와 정체성을 탐색하고 재창조하는 과정이라 할 수 있다.

이 책의 독자들을 위한 안내: 내러티브 코칭의 독자성

우리는 살면서 수없이 많은 문제에 부딪힌다. 그런데 그 문제를 푸는 단서가 자신의 이야기 속에 있다는 점을 알게 되면 지혜가 생기기 시작한다. 코칭을 하면 할수록 깨닫는 사실은, 사람이 가진 가장 큰 장애물은 '문제' 그 자체가 아니라, 그 문제를 바라보는 '낡고 반복되는 자기 이야기'라는 것이다. 내러티브 접근, 즉 내러티브 코칭이 왜 필요한지, 그 결정적인 이유를 지금부터 살펴보자.

문제는 '사실'이 아니라 '해석'이다

코치가 클라이언트에게 "문제가 무엇인가요?"라고 물을 때, 돌아오는 대답은 대부분 '팩트'가 아니라 주관적으로 '해석'된 이야기다. 어떤 클라이언트의 사례로 들어가 보자. "상사가 내 아이디어를 세 번 거절했다."라는 것은 사실이다. 그런데 클라이언트는 그 사실을 제대로 못 보고 자기방식으로 해석하여 "나는 능력이 부족하다. 내 아이디어는 늘 별로다."라고 인식한다. 이 클라이언트에게 '아이디어 도출 능력'을 코칭하는 것은 근본적인 해결책이 될 수 없다. 이미 "나는 무능력하다."라는 지배적 내러티브가 이 사람의 잠재력을 꽉 묶어 두고 있기 때문이다.

내러티브 코칭은 이 지배적 스토리를 해체하는 것에서 시작한다. "상사의 거절(사실)과 자신의 능력이 관련이 있다고 생각하신 이유가 무엇일까요?" "아이디어를 세 번이나 올린 것은 그만큼 아이디어가 풍부하다는 것을 말하는 것은 아닌가요?" "두 번 거절당해도, 세 번째 또 올릴 수 있었던 자신의 비결은 무엇인가요?"와 같은 코치의 질문을 통해, 클라이언트는 자신이 특정 사건을 너무 쉽게 '자신을 비난하는 이야기'로 만들어 왔다는 통찰을 얻게 된다.

질문

- "자신이 능력이 부족하다는 증거는 이 세 번의 거절 외에 또 어떤 것이 있나요?"
- "아이디어가 거절된 것이지, 자신이라는 사람 전체를 거절한 것은 아니지 않나요?"

'부분의 스토리'에서 '전체의 스토리'로 시야 확장

우리가 습관적으로 말하는 자기 이야기는 늘 '부분의 스토리'일 때가 많다. 가장 고통스럽거나, 가장 반복되는 실패의 순간만을 강조한다. 마치 100장의 사진 중 가장 어둡게 나온 사진 한 장만 보여 주면서 "이것이 나의 인생입니다."라고 말하는 것과 같다.

내러티브 접근이 필요한 이유는, 클라이언트에게 '보다 밝고 넓게 확장된 자신의 스토리'를 볼 수 있는 시야를 제공하기 때문이다. 코치는 실패의 이야기로 인해 놓쳐 왔던 다른 이야기, 예를 들면 실패 경험 속에서 얻게 된 지혜, 능력, 극복 이야기 등을 클라이언트와 함께 탐색하며 조명한다.

"자신을 '소심하고 겁이 많은 사람'이라고 말했지만, 3년 전 회사를 그만두고 혼자 유럽 배낭여행을 떠난 것은 '소심하고 겁이 많은 사람'이 하는 행동이었을까요? 그때의 선택과 실행은 자신의 어떤 모습을 말해 주는 것일까요?" 이런 질문을 통해 클라이언트는 '소심하고 겁이 많은 나'라는 기존의 좁은 정체성에서 벗어나, 자신의 다른 정체성을 재인식하게 된다. 이 '다시 찾은 정체성'이 바로 미래를 설계하는 데 필요한 진정한 힘의 원천이 된다. 그 힘의 원천은 자기 안에 있었던 것이다. 이것이 존재 중심의 코칭이며, 이러한 코칭 대화가 낡은 정체성 대신 새로운 내러티브를 장착하는 과정이다.

질문

• "그때의 선택과 실행은 자신의 어떤 모습을 말해 주는 것인가요?"

문제를 '외재화'하여 힘을 되찾는다

내러티브 코칭이 강력한 요인 중 하나는 문제와 거리두기다. 내러티브 상담에서는 이것을 문제 외재화(Externalization)라고 부른다. 클라이언트가 가진 문제를 그 사람 '자신'이 아니라, '그 사람을 힘들게 하는 어떤 별개의 존재'로 분리해 내는 방법이다. 예를 들어, "저는 자꾸 일을 미뤄서 문제예요."라고 말하는 클라이언트에게 "자신의 계획을 방해하는 훼방꾼은 언제 그 힘이 가장 강력해지나요?"라고 묻는 식이다.

문제와 사람을 분리하면 놀라운 일이 벌어진다. 클라이언트는 더 이상 '미루는 사람'이 아니라, '훼방꾼의 방해로부터 자신의 꿈을 지키려는 사람'이 되는 식이다. 자책감이 사라지고 문제가 객관화된다. 이런 질문을 통해 클라이언트는 문제를 인식하는 사고 패턴을 포착할 수 있다. “주로 월요일 아침이나, 피곤한 밤 11시에 ‘훼방꾼’이 나타나는 것 같아요.” 문제의 속성이나 패턴을 파악하게 되면 그에 따른 전략 수립이 가능하다. “그럼 ‘훼방꾼’이 나타났을 때, 훼방을 받지 않고 자신의 계획대로 진행하기 위해서는 어떻게 대응할까요?”와 같은 질문을 통해 클라이언트 스스로 해결 전략을 설계하도록 한다.

결국 내러티브 접근이 코칭에 효과적인 이유는 명확하다. 한 인간의 삶은 곧 하나의 긴 서사다. 그리고 그 사람의 이야기는 곧 그 사람의 삶이다. 그 사람의 이야기는 그 사람의 인식을 드러낸다. 사람들은 자기 인식에 기초하여 살아가기에 이야기 속에서 그 사람의 사고패턴이나 인식을 살펴볼 수 있다. 클라이언트가 원하는 방향으로 자기 삶의 이야기를 써 내려갈 수 있도록 돕는 것, 이것이 바로 내러티브 코칭이 우리에게 주는 가장 근본적인 힘이다.

질문

- “자신의 계획을 방해하는 훼방꾼은 언제부터 나타났나요?”
- “그 훼방꾼의 힘이 가장 세질 때는 어떤 상황인가요?”
- “훼방꾼이 자기 인생에서 방해한 것들은 어떤 것들이 있나요?”
- “훼방꾼이 더 이상 자기 인생에 관여하지 않도록 어떻게 해 볼 수 있을까요?”

내러티브 상담 코칭

내러티브라는 용어는 더 이상 낯설지 않다. 내러티브는 영화, 드라마, 애니메이션, 게임 등 현대 문화산업뿐만 아니라 인문학, 사회과학, 자연과학 등 모든 학문 분야에서 범용적으로 적용되고 있다. 코칭 분야에서는 '내러티브 코칭'이 이미 소개된 바 있다. 데이비드 드레이크(David Drake)의 내러티브 코칭이 바로 그것인데, 드레이크의 내러티브 코칭은 그 이론적 배경(influences)으로 애착이론, 사회구성주의 내러티브 치료, 발달심리학, 문학적 이야기 구조, 몸 · 감각 · 감정, 마인드풀니스 등이 융합되어 있다고 밝히고 있다(Drake, 2017).

반면, '내러티브 상담 코칭'은 마이클 화이트(Michael White)와 데이비드 엡스턴(David Epston)이 개발한 내러티브 상담(Narrative Therapy, 1990)의 철학과 방법론을 코칭 실천에 체계적으로 적용한 것이다. 즉, 내러티브 코칭은 코칭의 본질을 유지하면서 내러티브 상담 이론을 코칭에 적용한 것을 말한다. 이는 단순히 클라이언트의 '이야기를 다루는' 것을 넘어, 클라이언트가 자신의 삶을 지배해 온 문제 중심 내러티브로부터 벗어나 새로운 정체성과 가능성을 지향한다. 이를 바탕으로 미래 행보를 구성해 가는 과정을 촉진하는 접근이다. 이 같은 맥락에서 이 책에서 다루는 내러티브 코칭은 다음의 4가지 특성을 가지고 있다.

마이클 화이트

데이비드 엡스턴

[그림 1] 내러티브 상담을 개발한 마이클 화이트와 데이비드 엡스턴

출처: https://dulwichcentre.com.au/; https://narrativecounselling.com/

첫째, 내러티브 코칭은 화이트와 엡스턴의 내러티브 상담 핵심 원리 및 기법, 예를 들어 문제 외재화, 회원재구성, 다시 쓰기 등을 중심으로 한다. 제1부에서 다루는 내러티브 코칭의 인간관, 정체성 이해, 담론과 해체, 클라이언트의 주체성 등은 모두 코칭과 내러티브 상담의 공통적인 철학기반 위에 세워진 것이다. 이를 통해 코치는 클라이언트가 문제를 자신과 분리하여 새롭게 이해할 수 있도록 돕고, 과거 경험을 클라이언트 중심의 주체적 시각으로 조망하며 이전에 인식하지 못했던 자원을 발견하도록 지원한다.

둘째, 내러티브 코칭은 코치와 클라이언트가 '공동 저자'로서 관계를 맺으며, 문제 중심 이야기에서 벗어나 삶의 새로운 방향과 의미를 함께 탐색한다. 제2부에서 다루는 내러티브 코칭 5단계 대화 프로세스(주제와 세션 목표 합의, 문제와 거리두기, 자원 탐색, 대안적 내러티브 구성, 미래 내러티브 설계)는 클라이언트가 선호하는 정체성을 강화하고 희망적이고 주체적인 변화의 내러티브를 공동으로 창조하는 체계적 경로를 제공한다.

셋째, 내러티브 코칭은 클라이언트의 존재탐색을 구체화할 수 있도록 내러티브 상담기법을 활용한다. 특히 클라이언트의 존재 및 정체성을 조명하는 것을 주요 특성으로 여기는 내러티브 상담은 그 상담기법으로 클라이언트의 정체성을 탐색하는 효과적인 도구를 많이 가지고 있다. 이에 내러티브 상담의 기법 중 문제 외재화, 독특한 결과, 회원재구성, 정의예식 등을 코칭 대화에 적용할 수 있도록 용어를 전환하였다. 예를 들어, 문제 외재화는 문제와 거리두기, 독특한 결과는 시그니처, 회원재구성은 관계확장 대화, 정의예식은 미래 선언 등으로 재명명하며 코칭 대화에서 좀 더 쉽게 이해하고 활용할 수 있도록 하였다.

넷째, 클라이언트의 주체성과 협력을 중시하는 내러티브 코칭은 상담 및 코칭 윤리와 실천성이 결합된 '참여적 코칭' 모델을 실현한다. 코치의 위치와 자세에 대한 명확한 원칙 아래, 코치는 클라이언트와 상호 존중과 협력의 관계 안에서 선호하는 정체성과 그에 어울리는 삶의 이야기를 함께 만들어 간다. 제3부에서 다루는 다양한 적용 분야는 이러한 접근이 일상, 가족, 직장 등 실제 삶의 영역에서 구체적 효과로 이어질 수 있음을 보여 준다.

차례

제2부 내러티브 코칭 대화 프로세스

사례 연구 목차

제1부

내러티브 코칭의 이론적 기초

제1장 내러티브 코칭의 기본 전제 및 핵심 원리

제2장 내러티브와 코칭의 만남

제1장

내러티브 코칭의 기본 전제 및 핵심 원리

1. 내러티브 코칭의 인간관

1) 내러티브 상담의 인간관

내러티브 상담(Narrative Therapy)의 개발자인 화이트와 엡스턴이 인간을 바라보는 시각은 존중과 희망으로 가득하다. 이들의 인간관을 관통하는 가장 핵심적인 원리는 바로 문제와 사람을 분리하는 것이다.

내러티브 상담의 인간관을 한번에 이해할 수 있는 문장은 바로 "문제가 문제이지, 사람이 문제가 아니다(The problem is problem, not the person)."이다(White & Epston, 1990). 즉, 클라이언트가 겪는 문제(예: 불안, 우울, 낮은 자존감, 중독 등)를 클라이언트 자신(정체성)의 결함이나 병리적 특징으로 보지 않는다. 대신, 이 문제들을 클라이언트의 삶에 침입하여 불편한 영향을 끼치고 있는 외부의 독립적인 실체로 간주한다.

앞에서 말했듯이 이러한 분리 작업을 문제 외재화(Externalization)라고 부른다. "나는 원래 게으른 사람이라서 실패해." 이것은 '문제

=사람'으로 보는 시각이다. 그러나 내러티브적 관점은 "나의 삶에 '게으름'이라는 '훼방꾼'이 나타나 내가 세워 놓은 계획수행을 방해한다." 이렇게 인식하게 되면 '문제≠사람'이 되고 문제와 거리를 두면서 문제로부터 벗어나기가 용이하다.

이 같은 관점의 이동은 결과면에서 큰 차이를 불러일으킬 수 있다. 클라이언트는 더 이상 자신을 '실패한 존재'로 확신하지 않으며, 수치심과 자기 비난에서 벗어나게 된다. 또한 클라이언트는 '문제'라는 반갑지 않은 손님을 자신의 삶의 영역에서 응대하는 주인공의 위치에 서게 된다. 즉, 그 사람이 문제 자체가 아니라, 문제에 당면해 있지만 그 문제를 해결할 수 있는 역량을 가진 주체적 존재로 이해하는 것이다.

2) 내러티브 상담과 코칭의 인간관 유사성

내러티브 상담의 인간관은 코칭 철학의 인간관과 본질적으로 매우 유사하다. 예를 들면, 클라이언트를 자기 삶의 전문가(The Client is the Expert)로 보는 시각이 그러하다. 내러티브 상담의 인간관은 클라이언트를 자신의 삶 전반에 대해 가장 잘 알고 있는 전문가로 대우한다. 상담가나 코치는 클라이언트를 분석하거나, 가르치거나 진단하는 사람이 아니다. 그들은 단지 호기심 많은 공동 탐험가로서, 클라이언트가 자신의 삶 속에 숨겨진 고유성과 선호하는 가치를 발견하도록 돕는다. 이 관점은 클라이언트의 존엄성과 주체성을 최대한 존중하며, 변화를 이끌어 낼 힘은 이미 클라이언트 내부에 있음을 명확히 한다.

코칭의 기본 철학 중 인간관은 "모든 사람은 온전하고, 창의적이며, 자원이 풍부하다."라는 것이다. 이는 내러티브 상담이 클라이언트의 정체성에서 문제를 분리하고 그들의 역량과 가치를 재발견하는 과정과 완전히 맥이 닿아 있다. 두 접근법 모두 사람의 결함이 아닌 잠재력에 주목한다. 클라이언트가 자신을 '문제 덩어리'가 아니라 '잠재력의 보고'로 인식하도록 돕는 것이 핵심이다.

3) 차이점

내러티브 상담은 클라이언트가 말하는 문제의 근원을 사회적 담론과 지배적 문화 이야기에서 찾는다(고미영 외, 2023; 이선혜, 2021). 개인이 겪는 문제를 사회가 만들어 낸 '낡은 스크립트(각본)'의 영향으로 이해하는 사회구성주의적 시각이 강하다. 반면, 코칭은 문제보다는 개인의 목표 달성과 미래 행동에 더 직접적으로 초점을 맞춘다. 내러티브 코칭은 이 둘을 융합함으로써, 코칭의 미래 지향적 목표 설정과 내러티브 상담의 깊이 있는 정체성 해체를 결합하여 지속 가능한 변화를 이끌어 낸다. 그래서 힘이 있다.

글 상자 1 사회구성주의 시각의 특징

사회구성주의(Social Constructivism)라는 철학적 관점은 내러티브 코칭의 근간을 이루는 핵심 사상으로, 다음 세 가지 측면을 지니고 있다.

1. 객관적 실재는 없다

사회구성주의는 우리가 세상을 있는 그대로 인식하는 것이 아니라, 사회적 상호작용을 통해 구성하고 해석한다고 본다. 이는 인간이 완벽한 존재가 아니므로, 눈에 보이는 일부만을 토대로 세상을 이해한다는 점에서 매우 설득력이 있다. 예를 들어, '성공'이라는 개념은 시대와 문화에 따라 다르게 해석되며, 이는 '성공'이라는 객관적인 실재가 존재하지 않고, 사회 구성원들이 만들어 낸 서사적 개념임을 증명한다.

2. 언어의 한계와 진리의 상대성

언어에 대한 관점 또한 매우 중요하다. 사회구성주의는 언어가 불완전한 도구라고 본다. 우리는 언어를 통해 소통하지만, 유감스럽게도 발신자의 의도와 수신자의 해석이 완벽하게 일치하는 경우는 드물다. 예를 들어, 코치가 "두려움"이라고 말했을 때, 참가자는 이를 '불안'으로 해석할 수도 있고, '긴장'으로 받아들일 수도 있다. 이처럼 언어가 가진 한계 때문에 '진리' 또한 절대적이지 않고, 대화와 상호작용을 통해 새롭게 구성된다는 점을 뒷받침한다.

3. 내러티브 코칭과의 연결고리

사회구성주의는 내러티브 코칭의 핵심 철학을 잘 설명한다. 코치가 객관적인 '정답'을 제시하지 않고, 참가자가 자신의 삶을 '새로운 서사'로 재구성하도록 돕는 이유가 바로 여기에 있다. 코치는 참가자가 가진 낡은 이야기를 단순히 '잘못된 것'으로 판단하는 것이 아니라, 하나의 서사적 구성물로 존중하며, 그 안에 숨겨진 힘을 찾아 새로운 이야기를 함께 쓰는 여정을 돕는다.

내러티브 코칭은 '이야기가 세상을 만든다'는 믿음에서 출발한다. 우리가 경험하는 '현실'은 눈에 보이는 사실 그 자체가 아니라, 우리가 보고 듣는 것을 바탕으로 사회와 관계 속에서 만들어 가는 이야기다. '성공' '행복' '실패' 같은 개념들은 절대적인 기준이 아니라, 사회와 문화 속에서 오랜 시간 동안 사람들이 합의해 온 이야기인 셈이다.

문제는 우리가 불완전한 언어로 소통한다는 점이다. 언어는 우리의 복잡한 생각과 감정을 온전히 담아내지 못하고, 이 때문에 대화는 늘 오해와 불완전성을 내포한다. 내러티브 코칭은 이 불완전성을 인정하고, '문제'를 '이야기'로 재정의한다. 예를 들어, '나는 무능력한 사람'이라는 믿음은 타고난 특성이 아니라, 특정한 경험들이 엮여 만들어진 하나의 서사일 뿐이라고 보는 것이다.

따라서 코치는 참가자가 가진 낡은 이야기를 존중하면서도, 그 이야기에 가려진 진짜 강점과 가능성을 함께 찾아낸다. 그리고 참가자가 자신의 삶을 수동적으로 받아들이는 존재가 아니라, 능동적으로 새로운 이야기를 쓰는 주체가 되도록 돕는 것이 바로 내러티브 코칭의 궁극적인 목표다.

출처: Freedman, J. & Combs, G. (1996)에서 재구성

2. 내러티브 코칭에서의 정체성

1) 정체성은 '내면의 본질'이 아니라 '스토리'다

코칭이나 심리 상담을 찾는 많은 이들은 자신이나 타인 그리고 관계적 문제를 '정체성'의 결함에서 찾는다. "나는 원래 이런 사람이

라서 안 돼요." "내 성격 자체가 문제예요."라고 말하는 식이다. 이들은 정체성(Identity)을 마치 DNA 유전자처럼 변하지 않는 내면의 본질이자 고정된 실체로 여긴다. 하지만 내러티브 코칭에서 정체성은 고정된 실체가 아니다. 오히려 우리가 경험을 통해 수집하고, 선별하고, 조직화하여 만들어 낸 '이야기의 산물'이다.

우리는 삶의 사건들을 해석하고, 그 해석들을 특정 주제로 엮어 '나는 누구인가'에 대한 스토리를 만든다. 예를 들어, 반복된 실패를 겪은 사람은 그 사건들만을 모아 '나는 실패자다'라는 스토리를 만들어 내고, 이 스토리가 그의 정체성이 된다. 그러나 반복된 실패에만 초점을 두었던 지배적 관점에서 연이은 실패에도 다시 도전하는 강점에 초점을 둔다면 어떤 스토리가 향후 전개될 것인가? 클라이언트 관점에서 주목하고 싶은 것은 무엇일까? 이것이 바로 내러티브 코칭이 정체성을 바라보는 핵심적인 관점이다.

[그림 2] 누구나 자신의 삶의 이야기가 있다

출처: https://pixabay.com/photos/chalkboard-story-blogging-believe-620316/

2) 정체성은 '고정된 실체'가 아니라 '진행형의 구축물'이다

내러티브 코칭은 정체성을 영구히 존재하는 무언가로 보지 않는다. 정체성은 관계적(Relational)이며, 유동적(Fluid)이고, 수행되어 가는(Performed) 것이다. 즉, 정체성은 완성된 명사가 아니라, 현재 진행형의 동사와 가깝다. 우리는 타인과의 관계, 사회적 맥락, 문화적 담론('제1장 3. 담론과 해체' 참조) 속에서 끊임없이 자신의 이야기를 수정하고 재구성하며 살아간다. 자신이 직장에서 보여 주는 '전문가'라는 정체성과 집에서 가족과 함께하는 '다정한 부모'의 정체성이 다르듯이, 정체성은 상황과 맥락에 따라 유연하게 발현되는 구축물이다.

3) 정체성은 지속성을 갖는다

내러티브 코칭에서는 과거의 경험이 현재를 규정한다고 보지 않는다. 오히려 현재의 해석이 과거 사건의 의미를 재구성하며, 미래의 가능성을 새롭게 상상할 수 있는 토대를 제공한다고 본다. 코치는 클라이언트가 지금까지 구성해 온 이야기에서 중심을 차지한 사건뿐 아니라, 주변화되어 대수롭지 않게 여기는 이야기 속에서 의미를 함께 탐색하고, 그것을 새로운 이야기의 출발점으로 삼을 수 있도록 돕는다.

예를 들어 보자. 계속해서 취업에 실패하는 클라이언트가 코치를 찾아왔다. 그는 지난 1년간 원서 작성, 면접 준비, 선배에게 조언 듣기, 취업 관련 도서 읽기 등 적극적 구직활동을 했지만, 아직까지 자신이 원하는 결과를 얻지 못하고 있다. 최근에는 자신이 너무 한심하게 느껴지고 더 이상 희망이 없다고 느끼며 무기력감에 빠져 있다고 이야기한다.

그러나 그의 이야기 속에는 연속된 실패만 있는 것이 아니라, 연이은 실망 속에서도 계속해서 도전하고 다시 일어서는 클라이언트의 또 다른 모습도 함께 있다. 하지만 클라이언트는 취업 실패라는 중심적 이야기에만 주목하는 동안, 도전이라는 또 다른 자신의 이야기는 간과하고 있었다. 클라이언트의 도전은 그의 과거 다른 경험 속에서도 분명히 찾아볼 수 있었다. 즉, 도전은 클라이언트가 오랜 기간 유지해 온 정체성의 일면이라는 것을 알 수 있다.

4) 정체성은 자기선택적이다

클라이언트가 경험을 해석하고 이야기로 구성하는 과정에서, 어떤 경험은 강조되고 어떤 경험은 배제된다. 이러한 선택적 지각은 개인의 가치관, 문화적 맥락, 삶의 목적에 따라 달라지며, 코칭에서는 이러한 선택을 탐색하고 의미를 확장할 수 있다. 클라이언트가 코칭을 통해 문제 중심의 이야기에서 벗어나 자신이 소중히 여기는 가치와 경험을 중심으로 새로운 이야기를 구성할 수 있을 때, 그 사람의 정체성 역시 더욱 주체적이고 확장된 방향으로 변화하게 된다.

5) 지배적 정체성에서 선호하는 정체성으로 재구성

사람들이 코칭을 찾아올 때, 그들의 정체성은 대개 자기에 대한 과소평가나 문제에 대한 과대평가 이야기에 의해 지배당하고 있는 경우가 많다. 이 이야기는 단점이나 실패에 대한 극히 일부의 정보를 과장하여 '빈약한 결론(Thin Conclusion)'을 만들어 낸다. 예를 들어, "나는 항상 우울하다." "나는 의지박약이다." "내 성격은 별로다."와 같은 결론들이 바로 그것이다. 이러한 빈약한 결론들은 클라이언트의 삶 전체를 설명하지 못하며, 성취, 극복, 반전과 같은 풍부하고 다층적인 경험들을 간과하고 배제시키기 쉽다.

마이클 화이트는 이러한 빈약한 결론이 곧 정체성이 되는 현상을 해체하고자 했다. 정체성이란 '무엇을 하는가'가 아니라 '어떤 가치와 신념을 따르는가'에 대한 풍부한 이야기(Rich Description)로 재구성되어야 한다고 보았다.

3. 담론과 해체

1) 정체성을 짓누르는 거대한 이야기, 담론

내러티브 상담의 개발자인 화이트는 "우리 각자가 지닌 개인의 이야기(정체성)가 사실은 혼자 만들어 낸 것이 아니다."라고 말한다. 우리의 삶, 생각, 행동, 심지어 '나는 누구인가'에 대한 결론까지도

우리 밖에 존재하는 거대한 이야기들로부터 영향을 받는다. 이 거대한 이야기를 내러티브 코칭에서는 담론(Discourse)이라고 부른다.

담론이란 한 사회나 문화권에서 '이것이 옳다.' '이것이 정상이다.' '이것이 성공이다.'라고 강력하게 믿는 숨겨진 신념 또는 지배적인 이야기를 말한다(Foucault, 1972). 담론은 우리가 숨 쉬는 공기처럼 너무나 당연해서 우리가 그 존재 자체를 인식하지 못할 때가 많다. 이 담론은 우리가 자신과 타인을 평가하는 렌즈 역할을 한다.

한국 사회의 담론들에 대한 예를 살펴보자.

- **'성공 담론'의 예:** "SKY 대학 진학을 해야 입시에 성공했다고 할 수 있다." "대기업에 취직해야 한다." "안정된 직업으로 돈을 많이 벌어야 성공이다."
- **젠더에 대한 '정상 담론':** "남자는 능력이 있어야 한다." "여자라면 살림을 잘해야 한다."
- **감정에 대한 '억압 담론':** "밖에서는 울면 안 된다." "리더는 항상 강한 모습을 보여 주어야 한다."

이러한 지배적 담론의 문제점은 무엇일까? 사람들은 이 담론의 기준에 맞지 않을 경우 그 사람을 '문제 있는 사람'으로 만든다. 그 지배적 담론의 잣대에 미치지 못하는 자신의 모습만을 보고, 스스로를 '실패자' '루저' '모자라는 사람'이라고 쉽게 결론짓게 된다. 이것이 바로 클라이언트의 정체성을 짓누르는 '고정된 프레임'의 뿌리다.

2) 담론 해체: 당연한 것을 낯설게 보기

내러티브 코칭에서 가장 기초가 되는 과정 중 하나는 바로 이 담론을 해체(Deconstruction)하는 작업이다. 해체란 클라이언트가 당연하다고 믿었던 지배적인 담론에 의문을 제기하며, 그동안 진실이라고 확고히 믿었던 것을 검토하는 과정이다. 담론 해체의 과정은 다음과 같은 질문을 통해 이루어진다.

(1) 담론을 찾아내 분리하기

"자신을 '능력 없는 사람'이라고 결론짓게 만든 이 기준은 누구의 기준인가요?"

"지금 말씀하신 '돈을 잘 벌어야 성공한 인생이다.'라는 것은 어디서부터 비롯된 생각인가요?"

(2) 담론의 역사와 의도 탐색하기

"그 성공 기준은 언제부터 생겨났을까요? 그런 말이 가장 유리하게 작용하는 사람은 누구일까요?"

"자신에게 '남자는 울면 안 된다.'라는 관념이 자신에게 준 영향은 무엇인가요? 이런 관념이 자신에게 도움이 되었나요, 아니면 불리하게 작용했나요?"

[그림 3] 당연하게 받아들인 담론을 새롭게 탐색하는 내러티브 코칭
출처: https://pixabay.com/photos/magnifier-glass-magnifying-glass-1714172/

#사례 연구 1 학생에게 영향을 미치는 지배적 담론

〈표 1〉 담론을 해체하는 질문과 새로운 통찰

해체 질문	새로운 통찰(새로운 이야기의 시작)
'공부를 잘해야 한다.'라는 규칙은 누가 만들었을까?	"사람들이 다 그렇게 말하던데요. 저도 깊게 생각한 것은 아니지만 다들 그렇게 말하니까 그런 거라 생각했어요."
그런 규칙이 너에게 어떤 영향을 주었니?	"공부 외에 내가 잘하는 그림그리기나 축구는 쓸데없다고 생각하게 만들었어요. 공부를 못하니까 자신감도 없어지고요. 나를 숨도 못 쉬게 했어요." (담론의 파괴적 영향 인식)
'공부와 상관없이 멋진 사람' 이야기는 없을까?	"그러고 보니 제가 좋아하는 웹툰 작가는 대학을 안 나왔어도 성공했잖아요! 성공한 사람들이라고 모두 대학을 나온 건 아니네요." (지배적 담론에서 벗어난 예외적 상황 발견)

한 중학생이 "나는 공부를 못해서 쓸모없는 사람이야."라는 이야기를 가지고 있다. 이 학생의 정체성을 짓누르는 담론은 바로 '공부=성공=인간의 가치'라는 학교와 사회의 지배적인 담론이다.

(3) 해체의 목적: 자기가 '선호하는 삶'을 지지하는 이야기 만들기

해체의 최종 목적은 지배적인 담론이 틀렸다고 선언하는 것이 아니다. 오히려 '세상에는 단 한 가지의 이야기만이 옳은 것이 아니라, 여러 가지 이야기가 있다'는 것을 깨닫게 하는 것이다. 클라이언트는 자신의 문제와 연결된 지배적 담론을 해체함으로써 자신의 삶을 규정했던 강요된 신념이나 규칙에서 벗어나, 자신의 가치와 희망을 반영하는 '선호하는 이야기(Preferred Story)'를 선택하고 발전시킬 수 있는 주체성(Personal Agency)을 되찾게 된다.

결국 내러티브 코칭은 클라이언트가 자신의 내러티브 관점을 변화시키는 접근법이다. 담론을 해체하고, 자신이 진정으로 살고 싶은 삶의 이야기를 써 내려갈 때, 자신의 정체성도 함께 해방되는 것이다.

3) 담론과 관점을 해체하는 질문 예시

담론은 일종의 사회적으로 굳어진 편견이기 때문에 그 인식을 전환하거나 관점을 재구성하는 질문을 만드는 것이 쉽지는 않다. 다음과 같은 담론에 대한 해체 질문의 예시를 참고하여 연습해 보자.

(1) '노오력' 만능주의 담론 해체 질문

- **예시**: "요즘 애들은 헝그리 정신을 모른다." "네가 간절하게 안 해서 그래." "그런 정신으로 어떻게 성공하겠어."
- **부정적 영향**: 개인의 실패나 어려움을 사회 구조적 문제 대신

개인의 의지나 노력 부족으로만 환원시킨다. 내담자는 자신을 '의지박약' '나약한 존재'로 규정하게 되어 죄책감과 무력감에 시달린다.

〈표 2〉 담론과 관점을 해체하는 질문 예시(1)

질문 유형	의미 및 목표	코치 질문 예시	반응 예시
예외 질문	지배적 담론이 통하지 않았던 예외적 상황 찾기	"스스로 '노력이 부족했다'라고 생각하는 그 상황에서도, 자신이 포기하지 않고 지켜 낸 것은 무엇이었나요?"	"음…… 포기하지 않았던 건…… 사실 '내 기준에 맞는 결과'를 포기하지 않으려고 그토록 신중하게 계획을 짰던 것 같아요. 단순한 노력이 아니라요."
영향 질문	노력 외 구조적 요인의 영향 분리	"자신이 그토록 열심히 노력했지만 결과가 만족스럽지 않았을 때, '노력 만능주의'는 자신에게 어떤 입장을 갖게 했나요?"	"제게 '게으르다'고 속삭였죠. 아니, 정확히 말하면, 나 자신이 한심하고 답답하게 느껴져요. '다들 잘 하는데 왜 나는 안 될까?' 라는 생각도 들고요."

(2) '정상 가족' 이데올로기 담론 해체 질문

- **예시:** "결혼은 꼭 해야지." "뭐가 문제라서 이제껏 결혼을 못하니?" "아이는 낳아야 가정이 완성되지."
- **부정적 영향:** 이 담론은 개인의 행복이나 관계의 질과 무관하게, 다양한 형태의 삶(비혼, 딩크, 한부모, 입양 등)을 비정상적이거나 결핍된 형태로 규정한다. 사회적 낙인을 형성하여 개인의 선택을 위축시키고 소수의 선택을 무시한다.

〈표 3〉 담론과 관점을 해체하는 질문 예시(2)

질문 유형	의미 및 목표	코치 질문 예시	반응 예시
문제 외재화 질문	담론을 외부의 힘으로 분리하여 객관화	"'결혼해야 정상이다.'라는 이 목소리가 자신의 삶에 어떤 명령을 내리고 있나요?"	"음…… 저한테는 '시대에 뒤처진 사람'이라는 딱지를 붙이려고 해요. 제가 현재 혼자서도 충분히 잘 지내고 있다는 사실을 자꾸만 무시하려고 하죠."
기적 질문	담론의 압박이 없는 원하는 삶의 모습 구체화	"만약 그 '시대에 뒤처진 사람'이라는 목소리가 하루 아침에 사라진다면, 자신이 지금 혼자 사는 삶 속에서 가장 만족하고 있는 부분은 무엇인가요? 남들이 아닌 자신의 기준에서요."	"저만의 규칙대로 사는 자유요. 솔직히 말하면, 퇴근하고 아무에게도 방해받지 않고 제가 좋아하는 책을 읽는 이 평화로운 시간은 결혼생활보다 더 중요하다고 생각하거든요."
예외 질문	비정상이라는 규정에도 불구하고 행복했던 순간 찾기	"사람들이 흔히 말하는 '정상 가족'의 틀을 벗어났기에, 자신이 오히려 새롭게 얻게 된 자원이나 능력이 있다면 무엇일까요? '혼자 사는 능력' 외에 자신의 삶을 더 풍요롭게 만든 것은 무엇이 있나요?"	"관계를 선택할 줄 아는 힘이요. 가족이라는 이름 때문에 억지로 만나는 게 아니라, 제가 정말 아끼고 저를 지지해 주는 친구들을 '나만의 가족'처럼 만들었어요. 이건 정말 소중한 저의 능력이라고 생각해요."

(3) '완벽한 엄마 · 아내' 이데올로기 담론 해체 질문

- **예시:** "요리를 잘해야 좋은 아내지." "엄마가 직장을 다니니 아이가 정서적으로 불안할 거야." "좋은 엄마는 일도 잘하고, 가사도 잘해야 한다."
- **부정적 영향:** 여성, 특히 어머니들에게 비현실적인 완벽주의

기준을 강요한다. 육아나 가정 문제에서 발생하는 모든 어려움을 개인의 역량 부족으로 몰아세워 감정 소진(Burnout)과 우울증을 야기할 수 있다.

〈표 4〉 담론과 관점을 해체하는 질문 예시(3)

질문 유형	의미 및 목표	코치 질문 예시	반응 예시
입장 질문	자녀 관점에서 어머니 역할 재정의	"대학생인 따님이 지금 바라는 엄마는 어떤 엄마인가요? 따님이 생각할 때 엄마가 몸이 힘들어도 멈추지 않고 헌신하는 엄마를 원하는 걸까요?"	"몇 달 전 아이가 저한테 '엄마가 힘든 것도 솔직하게 말해 줘서 좋다.'라고 했었어요. 친구같다고 하더라고요. 아이는 편안하고 인간적인 엄마를 원하는 것 같아요. 완벽한 사람이 아니라요."
구분 질문	담론이 부여한 책임에서 선택권 되찾기	"자신을 짓누르는 '완벽해야 한다'는 부담감 중, 자신이 '가족의 행복'이라는 이름으로 스스로 짊어진 것과 '사회적 시선' 때문에 어쩔 수 없이 떠안은 것을 구분해 본다면요?"	"아무도 시키지 않았는데 제가 저를 '슈퍼맘'으로 만들려고 했네요. 솔직히 말하면, 저의 행복을 챙기지 못하는 건 제가 원하는 삶이 아니에요."

4. 주체성: 새로운 이야기의 주인이 되기 위한 필수 요소

내러티브 코칭에서 해체(Deconstruction)는 단순한 분석 기법이 아니다. 이는 클라이언트의 문제와 연결되어 부정적 영향을 끼쳐 왔던 지배적인 담론에 의문을 제기하며 클라이언트로 하여금 주체성을 다시 회복하게 하는 원료가 된다.

주체성(Personal Agency)이란 무엇일까? 주체성이란 자신의 삶을 자신이 중심이 되어 판단하고, 선택하고, 결정하는 것을 의미한다. 연예인이 기획사(agency)에 소속되면 기획사가 마련한 역할, 이미지, 행사, 언론대응 등을 기획사를 통해 진행하게 된다. 주체성은 그 기획사가 바로 나 자신이 되는 것이라 이해할 수 있다. 예를 들어, 자신의 진로를 고민하고, 전공 및 직업을 선택하는 데에 있어 '나' 자신이 바라고 계획한 것을 따라가는 것은 주체성을 가진 행보가 된다. 그러나 세상의 기준에 의해 비판 없이 수용하고, 타인의 기대에 부응하기 위한 선택을 한다면 그 주체성은 나 자신이 아닌 타인의 것이 되는 것이다. 주체성이 약해지면, 우리는 삶의 사건들 앞에서 자신이 무력하고, 상황이나 타인에게 끌려다닌다고 느끼게 된다. 반면, 주체성이 강화되면 삶의 어려움 속에서도 책임감 있는 선택과 적극적인 행동을 이끌어 낼 수 있다. 내러티브 코칭에서 해체는 클라이언트로 하여금 주체성을 강화하는 데에 밑거름이 되어 준다.

1) 주체성 강화에 따른 삶의 변화

주체성이 강화된 클라이언트의 삶에는 변화가 나타난다. 이는 단순한 성과 향상을 넘어, 삶의 근본적인 태도 변화를 포함한다.

(1) 정서적 안정성: 책임감과 자기주도권

주체성은 책임감을 수반하지만, 이는 자책이 아니다. 오히려 삶이라는 비행기 속에 자신이 조종사임을 인식하고, 실패하더라도 '내가 선택했으므로 책임을 지고, 그 결과 또한 수용하고 배울 수 있다'는 주도권을 유지하게 한다. 난관에 부딪혔을 때 심리적 위기감을 느끼더라도, 그 감정에 압도당하지 않고 '이 감정을 다룰 수 있는 자신의 기술과 역량'에 집중하게 된다.

해체 작업을 통해 클라이언트는 자신의 삶에서 자신의 목소리에 더 귀 기울이고, 그 목소리에 따라 새로운 삶의 이야기를 다시 쓰고, 그 이야기 속에서 자신이 원하는 주인공의 이야기를 펼쳐 나가게 된다.

(2) 행동의 변화: 존재 중심 행동의 증가

주체성은 행동의 동기를 외부의 압력(타인의 인정, 사회적 성공 기준)에서 내부의 가치로 이동시킨다. 자신의 새로운 이야기(선호하는 정체성)로 살아가기 위한 행동, 즉 존재 중심의 행동이 늘어난다. 더 이상 '해야 한다(Should).'라는 의무감이 아니라, '나는 이것을 원한다(Want).'라는 자기 결정에 따라 행동하게 된다.

(3) 관계의 변화: 선택적 상호작용 능력 향상

주체성을 가진 사람은 타인의 기대나 사회적 압력에 무조건적으로 순응하지 않는다. 그들은 자신이 어떤 관계에 에너지를 투자할지 선택할 수 있는 힘을 가진다. 예전의 삶 속에서 마지못해 혹은 타인을 위해 유지하던 관계를 조정하거나 재정의하고, 필요한 경우 단절시키고 자신의 선호하는 삶의 가치를 지지하는 새로운 관계를 구축한다.

5. 선호하는 이야기: 삶의 주인공다운 새로운 이야기

1) 선호하는 이야기란

내러티브 코칭 세션의 진행 방향은 바로 클라이언트가 자신의 선호하는 정체성을 찾고, 그 정체성에 어울리는 자신의 '선호하는 이야기(Preferred Story)'를 구축하고 실천하도록 돕는 것이다. 선호하는 이야기란 무엇일까? 그것은 지배적인 문제의 낡은 이야기나, 사회적 담론이 강요하는 이야기와는 거리가 먼 이야기다. 선호하는 이야기는 클라이언트가 속한 사회가 선호하는 이야기나 코치 등의 전문가가 선호하는 이야기가 아니다(White, 2007). 바로 클라이언트가 자신의 가치, 희망, 역량, 꿈을 중심에 두고, 자기 삶을 더 풍요롭고 의미 있게 만들어 줄 수 있는 새로운 삶의 이야기를 말한다.

선호하는 이야기는 단순한 '긍정적 사고'나 '희망 사항'이 아니다. 이는 클라이언트의 삶 속에서 이미 존재했지만 간과되었던 시그니처들을 모아, 그들의 주체적 선택과 숨겨진 역량에 기반하여 짜인 현실적인 가능성의 청사진이다.

2) 선호하는 이야기의 중요성

(1) 정체성의 재정의와 주체성 확보

선호하는 이야기는 클라이언트의 정체성을 문제와 분리하고 클라이언트의 선호하는 가치, 목표, 의도 등을 중심으로 재정의하는 데 결정적인 역할을 한다.

- **손상된 정체성 이야기:** "나는 불안감이 높은 사람이다. 불안 때문에 아무것도 못할 것 같다." (문제적 표현으로 자신의 정체성을 정의함)
- **선호하는 이야기:** "나는 불안을 느끼지만, 그럼에도 불구하고 더 나은 나의 미래를 위해 용기를 내어 한 걸음 나아가는 사람이다." (자신이 중요하게 여기는 가치로 자신을 정의함)

이러한 관점 전환은 클라이언트로 하여금 자신의 삶에서 자기가 조정하고, 관리가 가능한 것을 인식하고 더 나아가 자신의 가치를 실현하기 위해 노력하는 능동적인 주인공임을 깨닫게 된다. 즉, 삶을 선택하고 행동할 수 있는 주체성이 이 새로운 이야기 속에서 확고해진다.

(2) 행동의 길잡이: 일관성 있는 삶의 이정표

선호하는 이야기는 미래의 행동을 계획하고 선택하는 강력한 안내자 역할을 한다. 낡은 이야기는 클라이언트가 새로운 행동을 시도하려 할 때마다 "너는 원래 안 돼."라고 속삭이며 부정적 혹은 제한적 신념을 강화시킨다.

그러나 새로운 선호하는 이야기는 중요한 순간에 클라이언트 자신에게 질문하게 된다. "이 이야기의 주인공이라면 지금 무엇을 선택할 것인가?" 이 질문은 행동의 방향성과 일관성을 제공하여, 혼란스러운 순간에도 자신의 가치에 부합하는 판단을 하도록 돕는다. 이는 지속 가능하고 의미 있는 변화를 이끌어 내는 핵심 동력이다.

제 2 장
내러티브와 코칭의 만남

1. 코칭의 본질과 내러티브 상담의 융합

1) 코칭은 왜 내러티브인가

코칭을 단순히 '목표 달성 기술'이나 '성과 향상 도구'로만 이해하는 것은 그 본질을 크게 오해하는 것이다. 코칭은 클라이언트의 이슈보다 클라이언트 존재에 중심을 둔다. 표면적인 행동 변화를 넘어, 클라이언트의 존재 방식과 세상이나 사건에 대한 해석 방식을 다룬다. 자신의 존재와 세계를 해석하는 가장 근본적인 방식이 바로 이야기(Narrative) 속에 담겨 있다.

클라이언트가 코칭을 찾아올 때 들고 오는 것은 어쩌다 한번 나타난 단편적인 '문제'이기 보다는, 클라이언트 삶에서 일정기간 내재하고, 반복적으로 나타나 '문제에 포박된 이야기'인 경우가 종종 있다. 예를 들어, "나는 원래부터 끈기가 부족해서 끝까지 해 본 게 거의 없는 것 같아." "우리 회사는 바뀌지가 않아! 사람들이 어째 하나같이 의지가 없어."와 같은 이야기들은 클라이언트 자신이나 클라이언트가 속한 조직의 정체성을 규정하고 미래의 가능성을 제한

한다.

그러나 코칭은 그 본질에 있어 클라이언트의 사고 패턴이나, 인식을 전환하고 새로운 내러티브를 공동으로 창조하는 과정이다. 코칭이 미래 지향적일 수밖에 없는 이유도 여기에 있다. 낡은 이야기를 해체하고, 클라이언트의 잠재력과 가치를 반영하는 새로운 이야기를 쓸 때 비로소 그들은 목표를 향해 나아갈 힘, 즉 주체성(Agency)을 얻기 때문이다.

2) 코칭과 내러티브 상담의 유사성

일반적으로 상담(테라피)은 과거 지향적이고 병리적인 측면을 다루며, 코칭은 미래 지향적이고 성장 중심이라는 이분법적 구분이 존재한다. 그러나 내러티브 상담(Narrative Therapy)은 이 구분의 경계를 허물고 있는 상담 이론으로써, 코칭의 본질과 폭넓은 접점을 형성한다.

(1) 존재(정체성) 중심의 접근

내러티브 상담과 코칭은 클라이언트를 자기 삶의 전문가로 본다. 클라이언트의 정체성(존재)을 억압하고 있는 지배적인 이야기(담론)를 해체하고, 클라이언트가 자신의 정체성을 재정의하도록 하여 자신이 선호하는 이야기(Preferred Story)를 풍부하게 묘사하도록 돕는다.

이 접점이야말로 코칭과 내러티브 상담이 통하는 핵심이다. 코칭은 클라이언트의 목표 달성 이전에, '나는 누구인가?'라는 질문에 대한 새로운 답(선호하는 정체성)을 찾도록 돕는다. 목표 달성은 이 재정의된 '존재'가 자연스럽게 수행하는 행동의 결과로 간주된다. 즉, 코칭과 내러티브 상담 모두 성과 이전에 존재를 다룬다는 점에서 매우 흡사하다.

(2) 미래와 가능성 지향

전통적인 상담이 과거의 상처를 치유하는 데 중점을 둔다면, 내러티브 상담은 내담자의 '독특한 결과(Unique Outcomes)'를 탐색하여 미래의 가능성을 확장하는 데 집중한다(고미영 외, 2023). 클라이언트의 삶에서 이미 존재했던 역량 발휘와 성취의 순간들을 모아, 새로운 이야기의 실마리로 삼는 것이다. 이는 코칭이 목표 설정(Goal Setting)을 통해 미래를 구축하는 방식과 매우 유사하다. 또한 코칭도 내러티브 상담도 그 목표를 향해 나아갈 클라이언트의 존재 및 정체성에 집중한다. 둘 다 '자신이 원하는 미래의 삶의 이야기는 무엇인가?'라는 근본적인 질문에서 출발한다.

3) 코칭과 내러티브 상담의 만남: 융합의 시너지

코칭에 내러티브 상담을 융합하여 기대할 수 있는 가장 큰 효과는 바로 클라이언트의 존재탐색이라 할 수 있다. 앞서 설명하였듯이 내러티브 상담은 정체성을 심도 있게 탐색하고 이를 위한 다양한 상담기법들이 개발되어 있다. 이에 코칭에서도 클라이언트의 존재탐색이라는 통찰을 이끌어 내기 위해 내러티브 상담기법을 활용하게 되면 강력한 시너지가 발생한다. 이 융합은 코칭의 효과를 지속 가능하게 하고 심층적인 변화로 이끈다.

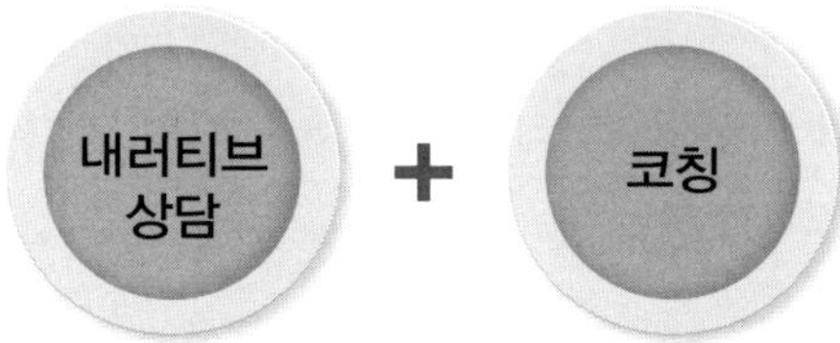

[그림 4] 내러티브 상담과 코칭을 융합한 코칭 모델

(1) 행동 목표에서 가치로의 전환

만일 코칭 세션 목표가 '매출 10% 증대'라면 내러티브 코칭은 이 목표를 클라이언트의 '성장' '헌신' '창의성'과 같이 가치를 실현해 냈던 이야기를 상기시켜 내면의 자원을 보다 끌어올릴 수 있다. 목표는 이제 외부의 압력이 아닌, 내면의 이야기를 실현하는 구체적인 행동으로 전환된다.

(2) 문제 해결에서 의미 창조로의 확장

코칭 대화가 '문제를 어떻게 해결할 것인가?'라는 단선적인 경로에서 벗어나, '이 경험이 자신의 삶의 이야기에 어떤 의미를 더할 것인가?'라는 의미 발견의 영역으로 확장된다. 이는 클라이언트가 실패와 좌절까지도 주인공의 성장 서사의 일부로 재해석하게 됨으로써 자신의 회복 탄력성을 극대화한다.

(3) 통찰력 있는 질문의 심화

내러티브적 관점은 코치가 정체성과 관련하여 새로운 관점을 열어 주는 질문을 통해 통찰에 이르게 하는 틀을 제공하는 데 매우 효과적이다. 예를 들어, "다음 주에는 어떤 것을 하실 건가요?"의 행동 질문에 이어 일반코칭에서는 "고객님은 어떤 분이신가요?"의 질문을 종종 사용한다. 이 또한 클라이언트에게 도움이 된다. 그러나 내러티브 코칭은 여기서 머물지 않고 좀 더 풍부하면서도 심층적 질문들을 연속으로 제시한다. 예를 들어, "현재 상황을 어떻게 변화시키고 싶으신가요?" "그런 변화를 바라는 특별한 이유가 있나요?" "그러한 변화를 바라는 것은 고객님이 어떤 사람이라는 것을 말해 주는 것인가요?" 등이 있다.

결론적으로, 코칭은 이야기로 전개되고, 내러티브 상담은 이 이야기를 클라이언트 중심에서 재구성하는 다양한 기술을 가지고 있다. 이 둘의 융합은 코칭이 단순한 성과 관리 도구가 아니라, 개인의 정체성 탐색을 통해 잠재력을 발견하고, 가능성을 높여 클라이언트의 관점에서 의미 있는 삶을 영위해 가도록 돕는 길이라 하겠다.

2. 코치의 위치와 자세

코칭을 처음 접하는 사람들은 코치를 '삶의 조언자'나 '전문가'로 오해하기 쉽다. 하지만 코치에게는 그런 권위적인 역할이 부여되지 않는다. 코칭의 꽃이 질문이듯이 코치는 질문을 한다. 클라이언트가 가진 이야기의 잠재력을 믿고, 그 이야기를 가장 빛나게 다시 쓸 수 있도록 돕는 아주 독특하고 섬세한 위치에 서 있다. 다음은 내러티브 상담은 물론 내러티브 코칭에서 강조하고 있는 코치의 자세이다.

[그림 5] 탈중심적이며 영향력 있는 코치의 자세

1) '탈중심적'이면서 '영향력 있는' 위치

내러티브 코치는 의도적으로 탈중심적 위치를 취한다. 쉽게 말해, 클라이언트를 코칭 대화의 중심에 위치하고 코치는 중심이 아닌 옆에 위치한다. 만일 코치가 "제가 겪어 보니 이렇게 하는 게 맞아요."라고 말한다면, 클라이언트를 주변으로 밀어내고, 클라이언트 삶의 전문가적 위치를 코치가 점하게 된다. 코치는 이 권위를 내려놓고 클라이언트와 클라이언트의 서사를 가장 중요한 자리에 둔다. 하지만 여기서 멈추지 않는다. 코치는 그 자리에 앉아 클라이언트의 이야기가 맴돌거나 갇혀 있을 때, 적절한 질문으로 이야기를 확장시키며 새로운 경로를 함께 탐색하는 영향력 있는 위치에 서게 된다. 권위를 내려놓았기에, 오히려 클라이언트의 주체성을 존중하면서 가장 강력한 영향력을 발휘하는 협력적 동반자가 되는 셈이다.

2) 공동 저자(Co-author)

그 사람의 삶은 그 사람이 쓰는 한 권의 책이다. 내러티브 코치는 클라이언트와 함께 그 책을 쓰는 공동 저자의 위치에 선다. 이때 중요한 점은 제1 저자는 언제나 클라이언트라는 사실이다. 클라이언트가 이야기를 펼쳐 나갈 때, 코치는 옆에서 이야기가 막히지 않도록 '촉진 질문'을 던지는 역할을 한다. "혹시 이 사건이 과거 도전적이었던 다른 경험과 어떻게 연결될 수 있을까요?" "이 문제에서 벗어났던 '아주 작은 순간'에 대해서 더 자세히 말해 줄 수 있나요?"와 같은 질문들은 클라이언트가 미처 생각지 못했던 새로운 시각이나 대안을 이야기 속에 불어넣는다. 클라이언트는 코치의 질문이라는 렌즈를 통해 자신의 이야기를 더 풍부하고 입체적으로 재구성하게 된다.

3) 알지 못함의 자세: 진정한 호기심의 출발점

코칭은 흔히 '질문의 예술'이라고 한다. 클라이언트가 좋은 코치를 만나는 것도 의미가 있지만, 좋은 질문을 만나는 것은 더 의미가 있다. 내러티브 코칭에서 질문의 깊이는 '알지 못함(Not-Knowing)'의 자세에서 비롯된다. 매우 중요한 포인트다. 코치는 클라이언트가 어떤 문제를 가져오든, 그 문제에 대한 선입견이나 이론적 진단을 배제한다. "A 님은 아마 이러이러한 유형일 것이다."라는 판단을 하는 대신, "이 경험은 자신의 삶에 어떤 의미가 있나요?"라고 진정한 호기심을 가지고 만난다. 이는 코치가 자신의 경험과 해석에 완전히 열려 있겠다는 선언과 같다.

코치가 클라이언트의 답을 이미 알고 있다는 위계적 태도를 내려놓을 때, 클라이언트는 스스로 삶의 의미를 찾고 해석할 수 있는 주체성을 회복하게 된다. 알지 못함의 자세는 코치의 겸손을 넘어 코치의 전문가적 역량이다. 코치가 알지 못함의 자세로 코칭 대화에 임할 때, 클라이언트가 자유롭게 자기 이야기를 전개할 수 있다.

글 상자 2 내러티브 코칭에서 코치가 피해야 할 4가지: 구/지/주/나

내러티브 코칭은 클라이언트의 삶을 변화시키는 대화 과정이다. 그러나 코치가 아무리 의도가 좋아도, 대화 속에서 '하지 말아야 할 일'을 구분하지 못하면 코칭은 쉽게 '지도'나 '조언'으로 변질된다. 숙련된 내러티브 코치는 말하기보다 말할 수 있는 '공간'을 제공하고, 해답보다 '탐색'을 가능하게 한다. 이를 위해 기억해야 할 것은 다음과 같다.

1. 구출하기: 대신 해결하지 말라

'구출하기'는 클라이언트를 '도와줘야 하는 사람'으로 보는 태도에서 비롯된다. 그러나 코칭은 구원의 관계가 아니라 동반의 관계요 수평적 관계다. 코치가 문제를 대신 해결하려 들면, 클라이언트는 자기 문제를 스스로 다룰 힘을 잃는다.

코치는 구조자가 아닌 지지자에 위치에 서는 것이 옳다. 돕고자 하는 마음은 존중받아야 하지만, 진정한 도움은 그 사람이 자기 힘으로 서도록 클라이언트의 속도와 방향에 맞추어 지원하는 것이다. 코치는 구출의 손을 내밀기보다, 탐색의 공간을 마련하고 지켜보는 것이 내러티브 코칭의 핵심이다.

2. 지시하기: 답을 주며 지시하지 말라

클라이언트의 이슈나 문제에 대해 돕고자 하는 마음에 코치가 방향을 정하거나 답을 제안하거나 지침을 '지시하기'는 클라이언트의 문제를 코치가 대신 정의하고 해결책을 제시하는 태도다. 이는 표면적으로는 도움처럼 보이지만, 실제로는 클라이언트의 자율성을 약화시킨다.

내러티브 코칭에서 코치의 역할은 '정답'을 말해 주는 것이 아니라, 클라이언트가 자기만의 의미와 선택지를 발견하도록 질문을 통해 돕는 것이다. 코치가 말을 많이 할수록, 클라이언트의 생각은 줄어든다. 코칭은 '말하는 기술'이 아니라 '듣는 용기'에서 출발한다.

3. 주제 잡기: 코치의 의도를 앞세우지 말라

내러티브 코칭은 언제나 클라이언트의 이야기로부터 출발한다. 그러나 코치가 자신의 일정, 목표, 혹은 코치 생각에 마땅히 다루어야 할 것을 앞세우면 그 대화의 중심이 클라이언트가 아닌 코치로 이동한다.

클라이언트를 돕는 내러티브 코치는 '정해진 길'을 따르지 않는다. 대신, 클라이언트의 말과 감정이 흘러가는 방향을 섬세히 추적하면서 대화의 실마리를 찾아간다. 코칭의 지도(Map)는 코치의 손에 있지 않다. 그것은 언제나 클라이언트의 이야기 속에서 만들어지는 것이다.

4. 나(코치) 세우기: 대화의 초점을 코치의 이야기로 끌어오지 말라

'나 세우기'란 코치가 대화의 초점을 자신에게 옮기는 것을 뜻한다. 예컨대, "나도 그런 경험이 있어요." "내가 클라이언트라면 이렇게 했을 거예요." 같은 말들은 의도와 달리 대화의 중심을 코치로 이동시킨다. 코칭의 장은 클라이언트에 의한, 클라이언트를 위한 공간이다. 내러티브 코칭에서 코치의 경험은 참고가 될 수 있지만, 조명은 언제나 주인공인 클라이언트를 비추고 있어야 한다. 나 세우기는 코칭 관계의 섬세한 경계를 무너뜨린다. 코치는 '주인공'이 아니라, '조력적 배경'으로 존재할 때 가장 강력하다.

3. 내러티브 코칭의 세 가지 핵심 원리

내러티브 코칭은 세 가지 핵심 원리에 기반하여 작동한다. 이 원리들은 거창한 심리학적 기술이 아니라, 우리가 삶을 바라보는 관점을 미묘하게 바꿔 주는 '마음의 언어'다. 이 언어 원리를 익히는 것만으로도 삶의 많은 문제에 대한 새로운 해결책을 찾을 수 있다.

1) '문제'와 '존재' 분리하기

내러티브 상담에서 문제 외재화(Externalizing)라는 용어는 문제와 사람을 분리하는 것으로, 내러티브 코칭에서도 강력한 원리 중 하나다. 우리는 문제가 생기면 그 문제를 '자신의 일부'라고 생각하거나 심지어 자신과 그 문제를 동일시하기도 한다. '나는 내성적이라 그렇다.' '나는 무능하다.' '나는 운이 나쁘다.'라고 말한다. 하지만 내러티브 외재화는 문제를 '나'에게서 떼어 내 '자기 밖에 있는 현상'으로 분리하는 것이다. 이에 내러티브 코칭에서는 '문제와 거리두기' 대화를 통해 문제를 객관적으로 바라보는 시도를 하게 된다.

예를 들어, '나는 우울하다.' 대신 '우울이라는 녀석이 나에게 찾아왔다.'라고 표현하는 식이다. 이렇게 표현하는 순간, 우울은 '나의 정체성'이 아니라 '내가 해결해야 할 대상'이 된다. 그러니까 문제로 표현되는 것들은 주가 아니라 종이라는 말이다. 내가 우울 그 자체가 아니라는 것을 깨닫게 되면서 문제와 거리가 생기고 이를 통해 우리는 문제에 압도되지 않고 객관적인 시각에서 문제와 대화를 시도할 수 있다.

2) 시그니처 찾기: 문제적 서사와는 다른 '예외' 발견하기

내러티브 상담에서는 '독특한 결과'라는 표현을 사용한다. 우리에게는 '문제 이야기'만 있는 게 아니다. '나는 실패한 사람'이라는 서사를 믿고 있는 사람도 그 경험이 실패만을 의미하지 않고 또 다른 의미들이 함께 있음을 발견할 수 있다. 예를 들어, 수차례 사업실패를 경험하고 좌절에 빠진 클라이언트에게 다음의 질문을 통해 시그니처를 찾아볼 수 있다.

> "다시 도전하고 시도하는 끊임없는 노력을 하는 것은 자신에게 어떤 의미인가요?"
> "이번 경험에서 얻은 것은 무엇이 있고, 배운 것은 어떤 것이 있나요?"
> "그 배움은 실패와는 다른 건가요? 다르다면 어떻게 다른가요?"
> "그렇다면 이번 경험을 단순히 실패라고 단정할 수 있는 걸까요?"

내러티브 코칭은 이처럼 문제의 이야기와는 다른 '예외'가 되는 순간들을 '시그니처'라고 부르며, 이를 탐색하는 데 많은 시간을 할애한다. 시그니처를 찾는 것은 마치 어두컴컴한 밤하늘에서 작은 별빛을 찾아내는 것과 같다. 그 빛을 따라가다 보면, 어둠에 가려져 이제껏 미처 주목하지 못했던 새로운 의미를 발견하게 된다. 이 과정을 통해 클라이언트는 자신의 삶이 '문제적 서사'로만 이루어진 것이 아니라, 희망과 가능성으로 가득 찬 또 다른 이야기도 함께 존재한다는 것을 깨닫게 된다. 절망이라는 병에서 희망이라는 별을 찾는 셈이다.

3) 다시 쓰기: 모든 행동에는 그 의미가 있다

문제 외재화와 독특한 결과 찾기 과정은 문제와 사람을 분리하고, 그동안 주목하지 못했던 자신의 일면을 발견하게 된다. '다시 쓰기'는 이 모든 정보를 조합하여 '내가 원하는 새로운 삶의 이야기'를 창조하는 과정이다(White, 1995). 이는 단순히 긍정적으로 생각하는 것이 아니다. 타당한 근거(독특한 결과)에 기반하여 새로운 서사를 써 내려가는 것이다.

다시 쓰기는 마치 '나의 인생 영화'의 결말 시나리오를 자신이 직접 쓰는 것과 같다. 주인공이 문제 속에 머물러 있지 않고 자신이 원하는 방향으로 성장하는 새로운 이야기를 써 내려가는 것이다. 이 새로운 이야기는 자신의 정체성이 되고, 자신의 삶을 앞으로 나아가게 하는 근본적인 힘이요, 강력한 원동력이 된다. 이처럼 내러티브 코칭은 클라이언트 어깨 위를 짓누르는 무거운 이야기들을 걷어 내고, 클라이언트 안에 숨겨진 진짜 이야기를 발견하는 여정이다.

제2부

내러티브 코칭 대화 프로세스

내러티브 코칭 대화 프로세스는 내러티브 접근에 기반한 5단계로 구성된다. 클라이언트의 삶에서 경험되는 주체성이나 관계성과 관련된 이슈들을 탐색하고, 시그니처를 찾아 내러티브를 재구성함으로써 미래로 나아가도록 한다. 코칭 대화 단계별 프로세스의 모델은 다음과 같다.

단계	주제	내용
1단계	주제와 세션 목표	• 첫 만남, 라포 형성 • 코칭 주제: 무엇을 이야기할 것인가? • 주요 기법: **이중 경청**
2단계	문제와 거리두기	• 문제와 클라이언트 분리하기 • 주요 기법: **문제와 거리두기 대화** 4단계
3단계	자원 탐색	• 클라이언트의 자원 탐색 • 주요 기법: **시그니처 찾기 대화** 4단계
4단계	대안적 내러티브 구성	• 선호하는 정체성 강화 • 주요 기법: **관계확장 대화, 다시 쓰기 대화**
5단계	미래 내러티브 설계	• 미래 비전, 구체적 행동계획 수립 및 실행 • 주요 기법: **미래 선언 및 반영**

[그림 6] 내러티브 코칭 대화 프로세스

1단계의 핵심은 주제와 세션 목표 설정이다. 라포 형성을 통해 심리적 안전감을 확보하여 클라이언트가 열린 마음으로 자신의 이슈를 꺼내 코칭 주제와 세션 목표를 세팅하는 단계다. 코치는 이중 경청을 통해 맥락적 이해를 한다.

2단계의 핵심은 문제와 거리두기다. 클라이언트의 현재 상태와 내면의 감정상태를 심층적으로 탐색하여 문제와 사람을 분리하는 단계다. 정서와 사고방식 등 자기 인식 점검이 포함된다. 제한된 사고방식이나 부정적 경험에 기반한 기존의 신념체계를 점검한다.

3단계의 핵심은 클라이언트의 자원 탐색이다. 이슈가 문제로 커진 이유는 대체로 자신을 과소평가하거나 문제를 과대평가하기 때문이다. 자기 내면의 시그니처를 탐색하는 단계다.

4단계의 핵심은 대안적 내러티브 구성이다. 여기서는 선호하는 정체성을 강화하는 단계다. 자기 정체성이 선호하는 방향으로 명료해질 때 주체성이 확보되어 미래로 나아가는 힘이 커진다. 다시 쓰기 대화를 통해 신념체계를 새롭게 재구성하여 대안적 내러티브를 만든다.

5단계의 핵심은 미래 내러티브 설계다. 대안적 내러티브 구성에 따른 구체적 행동계획을 수립하고 실행을 촉진하는 단계다. 행동 변화를 통해 반복적인 이슈에서 벗어나 선호하는 이야기의 주체자로 삶을 재구축하는 과정이다.

제 3 장

1단계: 주제와 세션 목표 합의

1. 첫 만남, 라포 형성

라포(rapport)는 두 사람 사이의 상호신뢰 관계를 뜻하는 말로 프랑스어 '다리를 놓다'에서 유래한다. 코칭에서 라포를 형성한다는 것은 코치와 클라이언트를 연결하여 클라이언트로 하여금 속마음을 열게 하는 중요한 단계이다. 모르는 사람에게 자기 속 이야기를 꺼낸다는 것은 쉽지 않다. 알고 있는 사이라 하더라도 아무 친구에게나 고민거리를 털어놓지는 않는다. 자신의 고민을 잘 들어주는 사람, 비밀을 지켜 줄 사람, 힘이 되어 주는 사람을 원하듯이 코치는 고객에게 그런 믿음을 보여 줄 필요가 있다.

그렇다면 코치 입장에서는 낯선 클라이언트와 첫 대면할 때 '무슨 말부터 꺼내면 좋을까?'와 같은 고민을 하게 된다. 부담을 주지 않으면서 부드럽게 시작하는 것이 바람직하다. 예를 들면 다음과 같다.

- 오늘 날씨가 좋네요. 여기까지 오시면서 어떠셨어요? 지금은 어떤 마음이신가요?

- 지난번 코칭을 신청하시고 한 주가 지났는데 그동안 어떻게 지내셨나요?

라포 형성은 마치 딱딱한 바닥에 쿠션을 깔아 두는 것과 같기에 매 세션 라포 형성을 위한 대화를 진행하는 것이 효과적 코칭 대화에 도움이 된다.

- (반갑게 웃으며) 시간을 맞춰 오셨네요. 오늘은 일정이 어떠셨나요?
- 지난번 만나고 2주가 지났네요. 어떻게 지내셨나요? 어떤 변화가 있으셨나요?
- 말씀하셨던 실행결과가 궁금한데 어떠셨나요?

#사례 연구 2 코칭 오프닝 대화

라포 형성 단계에서는 인사말과 덕담을 비롯하여 호칭이나 비밀유지, 코칭 과정 등에 대해 알려 주는 것이 좋다. 클라이언트에게 어떤 호칭을 선호하는지 물어보고 원하는 대로 불러 주면 된다. "제가 호칭을 어떻게 불러 드리면 좋을까요?"

코치가 클라이언트의 비밀을 지켜 줄 사람인지는 알 수 없기 때문에 코치는 의식적으로 "한국코치협회의 윤리규정과 개인정보보호법에 의거하여 코치들은 비밀을 보장하는 윤리를 지키고 있습니다. 안심하고 말씀하셔도 좋겠습니다."와 같은 멘트를 전하여 마음을 편하게 한다.

사람들이 스포츠 종목의 코치처럼 코칭이 뭔가 가이드해 주는 것으로 오해를 많이 하기 때문에 코칭을 시작하기에 앞서 약간의 오리엔테이션이 필요하다. '코칭은 답을 제공해 주는 티칭이나 컨설팅과 달라서 자기 내면의 답을 찾도록 질문을 자주 하게 된다. 왜냐하면 자신에게 필요한 답은 자기 안에 있기 때문'이라는 점을 분명하게 미리 일러 주는 것이 중요하다. 이런 부분을 소홀히 하면 클라이언트는 코칭 이후에 '왜 질문만 하냐? 왜 해결책을 주지 않느냐?'라며 코칭에 대한 불만을 표할 수 있기 때문이다. 물론 이런 부분은 코칭을 시작하기 이전에 이메일로 정보를 미리 전달해도 된다.

"제가 이메일로 미리 전해 드린 코칭 안내에 대해 혹시 더 알고 싶으신 것이 있으실까요?" "시작하기 전에 궁금한 점이 있으신가요?"라고 묻고, 없다고 한다면 "이제 코칭 대화를 시작해도 될까요?" 하며 사전 동의를 구한다. 코칭 도중에는 "제가 갑자기 떠오르는 생각이 있는데 말씀을 드려도 될까요?"라고 하고, 코칭을 모두 마칠 때도 "여기서 코칭 대화를 마쳐도 될까요?"라고 하며 항상 동의를 구하며 클라이언트를 존중하는 태도를 보여 주는 것이 바람직하다.

친밀감을 유지하기 위해서는 덕담을 표하는 것도 좋다. 없는 이야기를 지어내라는 것이 아니라 느낌이 가는 대로 말하면 된다. 예를 들어, "사람을 편하게 대해 주시네요, 말씀을 부드럽게 하셔서 저도 차분해지는 것 같네요."와 같은 식으로 호감을 먼저 표하면 상대도 호감을 느끼게 된다.

코치가 "어떤 이야기를 나누고 싶으신가요?" 하며 내러티브 오프닝 대화를 할 때, 클라이언트가 "어디부터 말해야 좋을지 모르겠어요." 하며 혼란스러워 하는 경우도 있다. 뭔가 말을 하려니 장황하고 복잡하기 때문이다. 이럴 때 이런 팁을 사용하면 좋다. 대부분 코칭을 신청하자마자 바로 만나지는 않는다. 적어도 며칠 이후에 정해진 약속 시간에 만나게 된다. 그 공백에 대해 물어보면 좋다. "지난번 코칭을 신청하시고 나서 일주일 동안 어떻게 지내셨나요?" "그동안 혹시 어떤 변화가 있었을까요?"

이야기를 들으면서 여전히 불편한 감정상태라면 "지금 가장 바라는 것은 무엇인가요?"와 같은 이른바 best hope 질문이 효과적이다. 왜냐하면 생각의 방향을 과거의 원인이 아닌 미래로 나아가도록 도와 긍정 상상을 하면서 긍정정서 상태로 전환하게 되기 때문이다.

2. 코칭 주제와 세션 목표

대개 라포 형성을 마치게 되면 코치는 "오늘 저와 어떤 이야기를 나누시면 좋을까요?"라는 식으로 질문한다. 사람들은 습관적으로 특히 스트레스 상태에서 주로 문제 형태로 표현한다. 예를 들어, 어떤 중요한 과제를 붙잡고 한참 씨름 중일 때 "지금 무슨 일을 그렇게 열심히 해?"라고 물어보면 "어휴! 힘들어 죽겠네." 하는 식이다. 이 말은 '지금 이 과제를 잘 해내고 싶다'는 의도를 가지고 있다는 신호다. "안경을 왜 쓰냐?"라고 물으면 대부분 "눈이 안 좋아서요." 혹은 "잘 안 보여서……."라고 답한다. 이 말도 뒤집으면 '세상을 잘 보고 싶다.'라는 동기가 발현된 결과다. "얼굴에 자꾸 뭐가 나네요."

하고 말하면 '얼굴을 예쁘게 잘 가꾸고 싶다'는 마음이 느껴진다.

이처럼 클라이언트가 "시간관리를 잘 못해서 문제예요." 하고 표현한다면 코치는 "시간관리를 잘 하시고 싶은 거군요? 맞나요?" 하는 식으로 말하는 것이 중요하다. 사람들은 자신의 의도를 알아줄 때 막혔던 가슴이 뻥 뚫리며 마음이 가벼워진다. 늘 문제로 표현하며 답답해하였기 때문이다.

"우리 아이가 공부를 저렇게 안 하니 커서 뭐가 될지 걱정이에요." 하며 문제식으로 표현을 할 때 "아이가 미래 준비를 잘하면 좋겠다는 바람을 가지고 계시군요."로 응대할 수 있다. 코치가 이렇게 말하면 클라이언트는 대부분 그렇다고 대답한다. 이른바 회피동기를 접근동기로 바꾸어 표현하는 것이 의도를 듣는 방법이다. 이것이 의도듣기다. 의도듣기를 하는 순간 대화의 지향점이 생긴다. 코치는 클라이언트가 말하지 않을 것까지 들을 줄 아는 사람이다. 표현되지 않은 의도를 듣게 되면 주제로 넘어가기 쉽다. 부정적 단어나 문제식 표현을 반복하면 에너지가 떨어지기 때문에 의도, 즉 클라이언트가 원하는 미래 방향으로 나아가기 쉽게 된다.

(1) 다음 사례를 가지고 의도듣기 연습을 해 보자

① **아내**: 남편 말투가 너무 강압적이라 힘드네요.

② **팀장**: 회의 중 자꾸 태클을 거는 팀원 때문에 너무 거슬리고 불편하네요.

③ **엄마**: 공부는 하지 않고 컴퓨터 게임에 빠져 있는 아들 때문에 고민이에요.

④ **팀장:** 아무리 피드백을 해 줘도 매번 같은 실수를 반복하네요.

(2) 의도듣기 예시

① 아내 입장을 이해하면서 스트레스를 완화하고 싶으신가 봐요?

② 우호적이며 협조적인 모습으로 팀을 잘 이끌고 싶으신 마음이 느껴지네요.

③ 아드님이 학습에 몰입하도록 잘 돕고 싶으신 거네요.

④ 업무 완결성을 높이도록 구성원의 성장을 돕고 싶으신 거군요.

(3) 문제와 사람 분리 예시

여기서 한번 더 생각해 볼 것이 주제를 말할 때 문제와 사람을 분리해 보는 것이다.

① **클라이언트:** "회의 중 자꾸 태클을 거는 팀원 때문에 너무 거슬리고 불편하네요." → (불편한 대상인 팀원을 문제로 바라보기보다는) "리더 이미지도 잘 유지하면서 회의를 원활하게 잘 리딩하고 싶으신가 봐요?"라고 하며 그 사람의 욕구나 원하는 바람직한 상태를 표현해 본다.

② **클라이언트:** "올해 계획만 세워 놓고 이룬 것은 하나도 없는 것 같아 내 자신이 한심해요." → (한심한 사람이라는 인식에서 벗어나도록 사람을 문제라고 전체화하지 말고) "계획한 대로 실행을 잘 해내고 싶은 마음이 크신가 봐요?"라고 하며 그 사람이

소망하는 바를 표현해 본다.

(4) 주제와 세션 목표 예시

코칭 대화는 목적이 있는 대화다. 코칭에서는 방향성과 효과성을 높이기 위해 대화모델을 사용한다. 제한된 시간 안에 클라이언트가 만족한 결과를 얻도록 대화를 구조화한다. 세계적으로 가장 널리 알려진 모델이 GROW 모델이다. G.R.O.W.는 각각 Goal, Reality, Options, Will의 약어다. 첫째로 주제나 목적을 명확히 한다(Goal). 코칭 세션 중에 참가자가 얻고자 하는 목표(Objective)에 대해 합의를 한 후, 현재 상태(Reality)를 살펴보고 대안(Options)을 찾는다. 그리고 실행을 촉진(Will)하는 단계로 마무리한다.

일상대화와 비교하여 예를 들어 보자. "나 어제 그 사람 때문에 기분이 영 안 좋았어! 하고 싶은 말이 많았지만 참느라고 힘들었어."라고 말한다면 일상대화는 "무슨 일인데?" 혹은 "왜 그랬는데?"" 와 같이 흘러간다. 그러나 코칭 대화는 이슈에 대해 다음의 예와 같이 약간은 구조화된 형태로 진행된다.

- 어제 그 사람 때문에 힘든 일이 있었다고요? (내용듣기)
- 지금 표정을 보니 많이 힘들었나 보네요. 참느라고 속상하고 답답했겠네요. (기분듣기)
- 그래도 그 사람하고 소통을 잘하고 인간관계를 잘 만들어 가고 싶은 것 아닌가요? (의도듣기)
- 그렇다면 오늘 우리 대화의 주제를 뭐라고 한 문장으로 말하

면 좋을까요? (주제 확인 질문)

- 오늘 저랑 코칭 대화를 통해 어떤 결과를 얻으면 만족할까요? (목표 확인 질문)

이처럼 코칭에서는 세션별 주제가 있고, 해당 세션에서 클라이언트가 얻고자 하는 결과를 먼저 합의하는 것이 중요하다. 목적지나 방향이 없으면 엉뚱한 곳으로 가듯이, 클라이언트의 귀한 시간을 의도치 않게 망칠 수 있다. 또한 목적지에 도착해도 자신이 도착했는지 알 수가 없다. 따라서 주제와 세션 목표를 확실하게 합의할 필요가 있다. "오늘 저와 어떤 말씀을 나누면 좋을까요?"라고 물은 후 클라이언트의 대답 속에서 의도를 읽고, 그것을 바탕으로 클라이언트가 핵심 주제를 뽑아내어 클라이언트 자신의 언어로 말하도록 요청한다. "그러면 오늘 코칭 주제를 한 문장으로 어떻게 표현하면 좋을까요?"라는 식으로 주제를 확정하고 나서 "그렇다면 오늘 코칭 세션을 통해 어떤 결과를 얻으면 만족스러우실까요?"와 같이 세션 목표를 묻는다. 목표는 대체적으로 수량화하여 구체적으로 표현하는 것이 바람직하다.

여기서 잊지 말아야 할 것은 코칭에서는 코칭에 참가한 사람이 아닌 제3자, 예컨대 배우자나 팀원, 자녀를 변화시킬 수 없다는 사실이다. 이해관계자인 대상자가 변하도록 클라이언트 자신이 할 수 있는 것을 주제와 목표로 삼아야 한다는 점이다.

- 아내: "남편 말투가 너무 강압적이라 힘드네요."(문제/이슈) →

"남편 입장을 이해하면서 스트레스를 완화하고 싶으신가 봐요?"(의도듣기) → 스트레스 완화(주제) → 스트레스 대처 방안과 해소 방안 3가지(목표)

- **팀장:** "회의 중 자꾸 태클을 거는 팀원 때문에 너무 거슬리고 불편하네요." → "우호적이며 협조적인 모습으로 팀을 잘 이끌고 싶으신 마음이 느껴지네요."(의도듣기) → 우호적 팀 회의 분위기 만들기(주제) → 팀장으로 선행해야 할 자기관리 지침 3가지(목표)
- **엄마:** "공부는 하지 않고 컴퓨터 게임에 빠져 있는 아들 때문에 고민이에요." → "아드님이 학습에 몰입하도록 잘 돕고 싶으신 거네요."(의도듣기) → 아들의 학습 몰입(주제) → 엄마로서 학습환경 조성과 심리적 지원 방안 2가지(목표)
- **팀장:** "아무리 피드백을 해 줘도 매번 같은 실수를 반복하네요." → "업무 완결성을 높이도록 구성원의 성장을 돕고 싶으신 거군요."(의도듣기) → 발전적 피드백(주제) → 피드백의 효과성 높이는 방법(목표)

3. 주요 기법: 이중 경청

내러티브 코칭에서 심화된 경청 기법은 이중 경청(Double Listening)이다. 이는 클라이언트가 의식적으로 말하는 '겉 이야기'와 무의식적으로 감추고 있는 '속 이야기'를 동시에 듣는 것을 의미한다. 겉 이야기는 주로 문제, 어려움, 실패를 중심으로 한 문제적 서사다. 반면, 속 이야기는 클라이언트의 강점, 희망 그리고 의미 있는 순간들을 담고 있다. 코치는 겉 이야기에 압도되지 않고, 그 뒤에 숨겨진 속 이야기를 찾아내는 것이 중요하다.

이중 경청은 문제에 초점을 맞추는 기존의 접근법에서 벗어나 클라이언트가 가진 자원과 강점을 발견하는 내러티브 상담의 핵심 원리에서 비롯되었다. 이는 클라이언트가 '결함'이 아닌 '가능성'을 가진 존재라는 믿음에 기반한다.

클라이언트가 스스로의 잠재력과 자원을 발견하고, 문제로 점철된 서사에서 벗어나 새로운 서사를 쓸 수 있도록 돕는 것이 이중 경청의 궁극적인 목적이다. 코치가 이중 경청을 하게 되면 클라이언트 자신이 문제에 의해 정의되는 것이 아니라, 문제를 해결하려는 의지를 가지고 있고, 성장하려는 사람으로 자기 존재에 대한 인식을 전환할 수 있도록 도와준다. 이것은 더 강력한 정체성을 개발할 수 있도록 돕는다. 또한 선호하는 가치와 연결하여 주체성을 강화하는 행동을 선택하게 할 수 있다.

#사례 연구 3 '미루기' 습관 서사를 재구성하는 클라이언트

코치: 유진 씨의 이야기를 들어보니, 그 '미루기'라는 습관이 마치 유진 씨의 삶을 꽉 붙들고 있는 것처럼 느껴지네요. 그 '미루기'는 유진 씨에게 어떤 말을 속삭이고 있나요?

유진: '나중에 해도 돼, 어차피 안 될 거야. 지금 해 봤자 완벽하지 못

할 텐데 뭐하러 해?'라고 자꾸 말해요. 그래서 머리로는 해야 하는 걸 알지만, 몸이 움직이지 않아요.

코치: '미루기'가 '완벽하지 못할 것'이라는 이야기를 들려주는군요. 그런데 혹시, 이 '미루기'라는 녀석이 유진 씨를 방해하지 못했던 순간은 없었을까요?

유진: 음…… (잠시 생각) 아, 지난달에 회사에서 급하게 보고서를 하나 제출해야 했는데, 마감이 코앞에 닥쳤을 때 밤을 새서라도 완성한 적은 있어요. 다들 저보고 "어떻게 그걸 해냈냐?"라고 물어봤었죠.

코치: 그렇군요! 유진 씨의 말씀 속에서 두 가지 이야기를 동시에 듣게 되네요. 하나는 '나는 의지가 약해서 미루는 사람'이라는 이야기이고, 다른 하나는 '마감 기한이 닥쳤을 때 밤을 새서라도 해내는 사람'이라는 이야기예요. 어떻게 생각하나요?

유진: 그렇네요. 제가 해내는 사람이긴 해요.

코치: 그 보고서를 밤새워 완성하고 동료들에게 인정받았을 때, 유진 씨는 어떤 모습의 사람이었나요? 그 순간, '미루는 사람'이 아니라 '해내는 사람'의 주인공으로 보이는데 그때 기분은 어떠셨어요?

유진: 그때는…… 정말 뿌듯했어요. 제가 그 어려운 일을 해낼 수 있다는 걸 스스로 증명한 기분이었죠. 마치 제가 아닌 다른 사람처럼 느껴졌어요.

코치: 맞아요. 그게 바로 '미루기'라는 서사에 가려져 있던 유진 씨의 진짜 모습인 것처럼 보이네요. '미루기'는 잠시 유진 씨에게 힘이 없다고 속삭일 뿐이지, 유진 씨 자체가 '의지가 약한 사람'은 아닐 수 있다는 거 아닐까요?

이처럼 이중 경청은 클라이언트가 취약점(지배적 정체성)에 초점을 맞추어 자신을 인식하던 것에서 벗어나도록 관점을 전환한다. 이것은 클라이언트가 알아차리지 못하는 자신의 의미 있는 정체성이나 서사를 찾아내어 새로운 삶을 향한 내적 동기를 불러일으키는 강력한 기술이다.

제4장

2단계: 문제와 거리두기

1. 문제와 사람 분리하기

문제의 정의를 바꾸는 순간, 관계는 회복된다

우리가 갈등과 좌절을 겪을 때, 본능적으로 향하는 곳이 있다. 바로 사람이다. "저 사람 때문에 일이 망가졌어." "나는 왜 이것밖에 안 될까?" 우리는 너무 쉽게 상대를 비난하거나, 스스로를 자책하며 에너지를 소모한다. 수많은 일상대화나 코칭 사례를 통해 확인한 사실이지만, 문제 해결의 첫 번째 전환점은 바로 이 사고의 틀을 리프레이밍하는 데서 시작한다.

핵심은 이것이다. "문제가 문제이지, 사람이 문제가 아니다." 이 말은 누군가를 옹호하려는 말이 아니다. 오히려 문제 해결의 에너지를 낭비하지 않고 정확한 표적에 집중하게 만드는 강력한 통찰이다.

#사례 연구 4 문제와 사람을 분리한 클라이언트

어느 팀장을 코칭할 때였다. 그는 성실하지 않은 구성원 때문에 힘들어했다. 팀장은 그 구성원을 '게으르고 책임감이 부족한 사람'으로 규정하고 말을 시작했었다. 그는 구성원에게 경고도 주고, 질책도 했지만, 상황은 잠시 개선되는 듯하다가 다시 원점으로 돌아왔다. 결국 팀장은 자신의 리더십 부족을 자책하면서 고민에 빠져 있었다.

팀장에게 질문을 했다. "그 사람은 원래부터 성실하지 않았었나요?" "아니요, 그렇지는 않았어요. 언제부턴가 변한 것 같아요." 관점 전환이 필요해 보였다. "그 사람하고 함께 일하면서 좋은 점이 있다면 무엇인가요?" 그는 잠시 생각을 하다가 "사람은 참 착해요. 느려서 그렇지…… 다른 사람들하고 소통도 잘하고 관계는 원만해요. 그런데 피드백을 여러 차례 전달해 봤지만 다시 제자리 걸음이에요. 아무래도 저한테도 문제가 있나 봐요……." 그의 말 속에 자신과 타인에 대한 부정적 태도가 묻어났다.

"사람이 문제일까요? 아니면 문제가 문제일까요?" 그러자 뭔가 알아차렸다는 듯한 반응을 보였다. "아! 그렇네요…… 사람이 문제가 아니라 문제가 문제인 거네요." 생각이 열린 듯했다. "사람들은 자기 인식에 기초하여 살아간다고 합니다. 말씀하신 것처럼 사람이 문제가 아니라고 인식한다면 무엇이 달라질까요?"라고 물었다.

"그 사람이 꼭 책임감이 부족한 사람이 아니라 그럴 수밖에 없는 다른 문제가 있을 수도 있겠네요."라고 하며 고정된 시각에서 열린 시각으로 이동하는 것이 보였다. 팀장은 "사람에 대한 판단을 멈추고 그 사람 입장에서 더 알아봐야겠네요."라고 말했다.

팀장은 문제의 원인을 '구성원'이라는 낙인에서 벗어나 '시스템과 환경'에서 찾기 시작했다. 놀랍게도 그는 '시스템적 문제'를 발견했다. 구성원은 회사에서 가장 먼 곳에 살았고, 이른 아침 출근이 필요한 A 업무를 배정받은 후부터 지각이 잦아졌던 것이 문제가 된 것이다. 업무 프로세스를 조절하면 굳이 이른 아침에 할 필요가 없었으며, 다른 동료와 교대만 해도 쉽게 해결될 수 있는 일이었다.

사람을 문제 삼는 대신 출퇴근 시간을 유연하게 조정하고 업무 분장을 합리적으로 바꾸었다. 결과는 어떠했을까? 팀장과 구성원 모두 업무 만족도가 높아졌다. 이 통찰은 타인에게만 적용되는 것이 아니다. 우리 자신을 향한 비난에도 똑같이 적용된다. 많은 사람이 '게으름'이나 '의지박약'을 호소하며 스스로를 괴롭힌다. "나는 왜 이렇게 의지가 약할까?" 하며 자책한다. 그러나 이는 자신이라는 사람을 문제 삼는, 파괴적인 사고다. 이럴 때 질문을 바꿔 보자. "나의 의지력이 문제가 아니라, 행동설계를 달리할 수는 없을까? 혹은 환경적 장애물은 무엇일까?"

예컨대, 의지가 약한 것이 아니라 '일의 난이도가 너무 높거나' '시작하기 전에 준비해야 할 것이 너무 많아서'일 수 있다. 이럴 때는, 예를 들면 '15분 안에 끝낼 수 있는 아주 작은 단계'로 나누는 시스템을 만들면 된다. 또 자신이 산만한 것이 아니라, '스마트폰이라는 방해 요소'와 '어지러운 책상'이라는 환경이 문제일 수 있다. 그러면 스마트폰을 다른 방에 두고, 책상을 정리하는 시스템을 구축하는 식으로 가능하다.

생각해 보면 답은 간단하다. 문제가 생겼을 때 좋은 질문을 찾으면 된다. 이제부터 타인의 실수나 자신의 단점을 볼 때, 그 '사람의 성품이나 인격'을 문제시하는 낭비는 멈춰야 마땅하다. 그 대신 좋은 질문으로 생각을 전환하면 된다. 이 통찰이야말로 자존감 그리고 관계와 성과를 동시에 회복시키는 강력한 접근법이다.

문제와 사람을 분리하는 방법을 '문제 외재화'라 하며 내러티브 상담을 상징하는 대표적 개입기법이다. 이 기법의 핵심은 "문제가 문제이지, 사람이 문제가 아니다."라는 전제에서 출발하여, 문제를 클라이언트의 정체성이나 본질과 동일시하지 않고 사람 밖의 영향력 있는 존재로 분리하는 것이다(White, 1995). 문제 외재화는 단순히 문제를 '분리하여 바라보자'는 인지적 기술이 아니라, 언어의 힘을 활용하여 문제에 대한 이야기 구조 자체를 변화시키는 개입이다.

문제 외재화가 필요한 이유는 많은 클라이언트들이 문제를 자신의 일부이자 정체성의 핵심으로 받아들이고 있기 때문이다. "나는 왜 이렇게 소심할까?" "나는 원래 감정조절이 안 되는 사람이다." "우리 가족은 항상 예민하다."와 같은 언어 표현은, 특정한 행동이나 상태를 개인의 본성으로 고정시키고, 변화 가능성과 잠재력을 축소한다. 이러한 자기규정은 대개 반복된 경험과 그에 대한 해석, 사회문화적 담론의 내면화에 의해 만들어지며, 그 결과 클라이언트는 무의식적으로 자신의 삶을 더 이상 재구성할 수 없다고 느끼게 된다. 문제 외재화는 바로 이 고정된 해석틀에 균열을 내는 실천이다.

문제 외재화는 코치가 클라이언트에게 건네는 질문에 대해 클라이언트가 문제라고 인식한 이슈에 대해 답변을 하면서 이루어진다. 코치는 문제를 클라이언트와 분리된 존재처럼 대상화하고, 그것이 클라이언트의 삶에 어떤 영향을 미치는지 탐색한다. 이는 코치가 문제를 진단하거나 설명하는 방식이 아닌, 클라이언트가 문제와 자신의 관계를 새롭게 정의할 수 있도록 하는 대화이다.

다음은 문제와 거리두기 질문의 예시이다.

> "이 불안이라는 존재는 언제부터 자신 곁에 있었던 것 같나요?"
> "요즘 이 불안이 일상에 얼마나 자주 끼어들고 있나요?"
> "그 불안이 등장할 때는 언제인지 그 패턴을 알고 있나요?"
> "그 불안에 이름을 붙여 본다면 뭐라고 부르고 싶으세요? 그렇게 이름을 지으신 이유가 무엇인가요?"

이러한 질문은 문제를 클라이언트의 인격이나 정체성으로부터 분리함으로써 클라이언트가 문제를 다른 각도에서 바라보고 대화하거나 전환할 수 있는 공간을 만든다.

문제 외재화는 단순히 문제에 이름을 붙이는 언어적 기법이 아니라, 클라이언트가 문제와 맺어 온 관계를 다각도로 탐색하고 재구성하는 점진적이고 순환적인 대화 과정이다. 여기서는 화이트(2007)가 제안한 '입장 말하기 지도 I(Statement of Position I)'를 거리두기 대화 4단계로 다음과 같이 제안한다. 이 단계는 클라이언트가 문제를 대상화하고, 그 문제에 대해 자신의 입장과 가치를 명확히 말할 수 있도록 네 가지 질문 영역으로 구성된다.

2. 주요 기법: 문제와 거리두기 대화

문제 앞에 선 사람들은 사고가 좁아진다. 자기를 과소평가하거나 문제를 과대평가하기 때문이다. "문제가 문제이지, 사람이 문제가 아니다."라는 관점에 유념할 필요가 있다. 따라서 사람들이 이런 관점으로 인식하도록 안내하기 위해 '문제와 거리두기' 기법으로 이름 붙였다. '문제와 거리두기'는 내러티브 상담기법의 '문제 외재화'에 해당한다. '문제와 거리두기 대화'는 내러티브 상담의 '입장 말하기 지도 I'와 연결된다.

글 상자 3 문제와 거리두기 대화 프로세스

1) 경험에 가깝게 문제 정의하기
2) 문제가 미친 영향 탐색(행동, 정서, 관계, 인지 등 달라진 점)
3) 결과에 대한 생각과 감정 듣기
4) 평가 근거 파악(중요성, 의미, 가치, 신념, 소망, 연결 등)

이제 4가지 절차를 하나씩 살펴보기로 하자.

✔ 경험에 가깝게 문제 정의하기

문제를 추상적 개념이 아닌 구체적 경험에 기반하여 정의할 수 있도록 돕는다. 이는 문제에 대한 외재화 작업을 위한 기초이며, 클라이언트가 문제와 자신을 분리하여 바라보도록 하는 출발점이다.

예 "그 불안이라는 녀석은 어떤 모습으로 다가오나요?"
"슬며시 다가온 불안이 뭐라고 속삭이던가요?"

✔ **문제의 영향 탐색하기**

문제가 클라이언트의 일상, 관계, 감정, 행동 등에 어떤 영향을 미치고 있는지 구체적으로 탐색한다. 이 과정은 문제의 영향력을 드러내고, 그로 인해 제한된 삶의 방식이나 반복되는 패턴을 인식하도록 돕는다.

예 "이 문제가 그 사람과의 관계에 어떤 영향을 주었나요?"
"문제가 자신의 일상에 어떤 변화를 가져왔나요?"

✔ **결과에 대한 생각과 감정 듣기**

문제로 인한 결과에 대해 클라이언트가 어떻게 느끼고, 어떤 태도를 가지고 있는지를 탐색한다. 단순히 좋고 나쁨을 넘어서, 무엇이 괜찮고 무엇을 받아들일 수 없는지에 대한 클라이언트의 주관적 판단과 정서가 드러나도록 요청한다.

예 "이런 영향을 받고 있다는 점에 대해 어떻게 생각하나요?"
"이 문제의 영향이 만족스럽지 않다면, 무엇 때문이라고 느끼시나요?"

✔ 평가 근거 파악하기

클라이언트의 평가가 어떤 가치, 신념, 소망, 삶의 기준에 기반하고 있는지를 탐색한다. 이는 선호하는 삶의 방향을 재구성하고, 정체성 서사를 구축하는 데 핵심적인 단서가 된다.

예 "그런 평가를 하게 된 데에는 자신에게 어떤 중요한 기준이 있었던 걸까요?"
"그 입장을 가지시게 된 이유는 무엇인가요?"

이 네 가지 대화는 단선적인 단계가 아니라 순환적으로 심화되는 구조다. 코치는 이 네 영역을 기반으로 대화를 조직하되, 클라이언트의 언어와 맥락에 민감하게 반응하며 유연하게 적응할 필요가 있다. 특정 단계를 집중해서 이야기할 수도 있고, 건너뛸 수도 있다.

문제와 거리두기 질문 예시

문제와 거리두기는 클라이언트가 문제를 자신과 분리해 문제를 제3자적 입장에서 객관적으로 바라보는 기법이다. 이해를 돕기 위해 구체적 대화 예시를 소개한다.

코치: 최근 서운함이 많이 느껴진다고 하셨어요. 그 '서운함'에 이름을 붙여 본다면 어떻게 붙일 수 있을까요?
클라이언트: 수류탄이라 부를 수 있을 것 같아요.
코치: 수류탄이요? 어떤 의미에서 그렇게 지으신 걸까요?

코치: 걱정이 언제 가장 강하게 찾아오나요?

클라이언트: 주로 밤에 혼자 있을 때요.

코치: 그 걱정이 자신에게 무슨 영향을 미치고 있나요?

클라이언트: 나는 늘 실패자 같아요.

코치: '실패'라는 이름을 붙인 그 존재가 자신을 어떻게 대하고 있나요?

코치: 자신을 힘들게 하는 '불안'이 자신과 떨어져 있다고 상상해 보세요. 그 '불안'은 무엇을 하려고 하나요?

클라이언트: 나를 만나려고 기다리고 있는 것 같네요.

코치: 그 '분노'에게 무슨 말을 하고 싶으세요?

클라이언트: 너 아무 때나 나타나지 말고 좀 잠잠히 있어.

코치: 왜 그 말을 하고 싶으신가요?

클라이언트: 진짜 아무 때나 나타나서 나를 망치고 있거든요.

코치: 혹시 아무 때나 나타나지 못하게 할 방법을 아시나요?

#사례 연구 5 갈등 해소와 조직 적응을 바라는 클라이언트

코치: 오늘 저와 어떤 이야기를 나누고 싶으신가요? (오프닝)

클라이언트: 저는 최근 새로운 조직에 배치되었는데, 상사와의 갈등으로 인해 적응에 어려움을 겪고 있어요. 이 문제를 어떻게 해결할 수 있을지 고민하고 있습니다.

코치: 새로운 환경에 적응하는 것이 쉽지 않은데 상사와 갈등이 생겨 많이 불편하시겠네요. (기분듣기)

클라이언트: 네, 맞아요. 상사와의 소통이 잘 안 되고, 그로 인해 스트레스가 많이 쌓이고 있어요.

코치: 오늘 코칭 주제를 한 문장으로 소개한다면 어떻게 될까요? (주제 확인)

클라이언트: 조직 적응과 관계 개선이요.

코치: 그럼 오늘은 이 시간을 통해 어떤 결과를 얻으면 만족하실까요? (목표 확인)

클라이언트: 상사와의 갈등을 해소하는 방안과 새로운 환경에 적응할 수 있는 방안을 찾으면 좋겠습니다.

코치: 네, 갈등 해소방안과 조직 적응하는 방안을 찾고 싶으시군요.

클라이언트: 네, 그렇습니다.

코치: 상사와의 갈등 상황을 조금 더 자세히 이야기해 주실 수 있나요?

클라이언트: 첫 팀 회의에서 상사가 제 의견을 무시하고, 다른 팀원들 앞에서 저를 비판했어요. 그 이후로 소통이 어렵고, 자꾸 제 의견이 묵살되는 느낌입니다.

코치: 그 상황에서 어떤 감정을 느끼셨나요?

클라이언트: 굉장히 불쾌하고 무력감을 느꼈어요. 제 의견이 존중받지 못한다는 생각에 자존감이 떨어졌습니다.

코치: 그렇다면 많이 힘드셨겠네요. 지금 이 상황에서 '갈등'이라는 문제를 처리해야 할 대상이라고 한다면 뭐라고 이름을 붙이면 좋을까요? (문제와 거리두기)

클라이언트: 음…… 폐기물이요.

코치: 좋습니다. 그러면 폐기물을 함께 처리해 보죠. 갈등 폐기물이 자신의 삶에 어떤 영향을 주고 있나요? (영향 파악)

클라이언트: 음…… 갈등이 저를 자신 없게 만들고, 업무에 집중하기 어렵게 만들고 있어요. 그리고 팀원들과의 관계에도 영향을 주

는 것 같아요.

코치: 그렇다면, 이 갈등이 선생님의 자신감과 팀에서의 역할에 어떤 영향을 미친다고 생각하시나요? (결과에 대한 생각이나 느낌)

클라이언트: 갈등 때문에 자신감이 많이 떨어지고, 다른 팀원들과 협조를 이끌어 내기가 어려워요. 팀원들 앞에서 제 의견을 말하는 것도 두려워졌습니다.

코치: 구체적으로 자신이 그렇게 느끼게 되는 근거는 무엇일까요? (평가 근거 파악)

클라이언트: (잠시 망설이다가) 갈등은 안 좋은 거잖아요. 갈등을 드러내면 분위기도 나빠지고 결국 파국으로 갈 것 같아요.

제 5 장

3단계: 클라이언트 자원 탐색

1. 클라이언트 자원 탐색

1) 자원으로서의 시그니처

내러티브 코칭에서 '시그니처'는 내러티브 상담의 독특한 결과(Unique Outcomes)에서 유래한다. 독특한 결과는 내러티브 상담에서 지배적인 문제 이야기로부터 벗어나기 위한 전환점 역할을 한다(White & Epston, 1990). 이는 클라이언트의 삶 속에서 문제가 전면에 등장하지 않거나 영향을 미치지 못했던 순간, 혹은 클라이언트가 문제에 저항하거나 다른 선택을 했던 경험을 말한다. 화이트와 엡스턴(1990)은 '사람들의 삶은 문제 이야기로만 구성되어 있지 않으며, 문제 아래에는 다채롭고 풍성한 이야기들이 존재한다'고 보았다. 그러나 클라이언트 스스로는 이러한 순간들을 종종 사소하거나 무의미하게 여기거나, 문제 중심의 해석에 매몰되어 간과하기 일쑤다. 시그니처를 찾는 것은 문제에 가려지거나 주목하지 못했던 자신의 의미 있는 순간들을 뜻하는 것으로 마치 어두운 밤하늘(문제)에 가려 보이지 않았던 별들(의미 있는 경험)을 연결하는 것으로 설명할 수 있겠다. 내러티브 코칭에서는 시그니처 대화를 통해 클라이언트로 하여금 자신의 경험과 더 나아가 자기 자신을 새롭게 의미화하고 확대해 나간다.

[그림 7] 주목하지 못했다가 새롭게 발견한 별(시그니처)

출처: https://pixabay.com/photos/stars-constellation-universe-bull-2630050/

시그니처를 다룰 때, 코치는 단지 '긍정적인' 예외를 찾는 데 그쳐서는 안 된다. 긍정과 부정을 구분하는 것 또한 이분법적 사고이며, 지배적 문화에 의한 가치판단이 될 수 있기 때문이다. 중요한 것은 그 사건에 담긴 클라이언트의 가치, 의미, 삶의 철학을 존중하는 태도이며, 이는 클라이언트가 자신의 삶을 다시 이야기할 수 있는 자율성과 주체성을 회복하는 데 기여한다.

2) 시그니처 탐색을 위한 맥락 파악

시그니처는 특정 표현이나 일원화된 형태가 아니라 다양한 맥락과 표현에서 찾아볼 수 있다. 클라이언트의 말을 주의 깊게 경청하면서 맥락을 파악하는 것은 시그니처 탐색에 큰 도움이 된다.

- **행동적 맥락**: 평소와 다른 행동을 했던 순간
  "그래도 어린 아들에게 소리를 지르거나 화를 내지 않으려고 방에 들어가 있어요."
- **정서적 맥락**: 감정적 반응이 달라졌던 순간
  "그날은 평소와 달리 덜 긴장되더라고요."
- **관계적 맥락**: 평소와는 다른 상호작용이나 관계의 변화
  "이번 모임에서는 사람들 눈치를 안 보려고 했어요."
- **인지적 맥락**: 다른 해석을 시도했던 순간
  "처음에는 제가 부족해서 그렇게 된 거라 생각했는데, 아무리 생각해도 저는 최선을 다했다는 생각이 들더라고요."

이러한 예외적인 순간들은 클라이언트의 삶 속에서 이미 존재해 왔지만, 문제 중심으로만 인식하던 틀 안에서 부각되지 못하거나 무시되어 온 삶의 이야기 조각들이다. 코치는 이러한 조각들을 섬세하게 포착하고, 의미 있는 이야기로 확장할 수 있는 대화의 틀을 제공하는 것이 좋다.

#사례 연구 6 자신의 시그니처를 알아차린 클라이언트

코치: 지난주에 남편분과 다툼이 있었을 때, 예전 같았으면 크게 소리를 질렀을 상황이었다고 하셨죠?

클라이언트: 네, 근데 그날은…… 그냥 조용히 방에 들어가서 호흡하면서 숨을 들이마셨어요.

코치: 그때 소리 지르지 않으신 이유가 있었을까요?

클라이언트: 그런 생각이 들더라고요. 조금만 생각하면 이해 못 할 것도 없는데 그걸 못 참고 소리를 질러서 이 상황이 더 나빠진다는 생각이요.

코치: 어떻게 그런 생각을 하시게 된 걸까요?

클라이언트: 저는 사람들한테 이해심이 많다는 이야기를 자주 듣는 편이에요. 그런데 이상하게 남편에게는 그렇게 안 되더라고요.

코치: 이해심이 많은 모습이 원래 나다운 것과 더 가까운 건가 보네요?

이러한 대화는 '소리 지르지 않은 행동'을 단순히 우연으로 보지 않고, 클라이언트가 '이해심이 많은' 자신의 모습과 연결하도록 대화를 확장해 나간다. 이처럼 독특한 결과는 새로운 이야기의 시작점이며, 이후 선호하는 이야기의 핵심 소재가 된다.

2. 주요 기법: 시그니처 찾기 대화

화이트는 독특한 결과를 탐색하고 재구성하기 위한 구체적인 대화구조로 '입장 말하기 지도 II(Statement of Position II)'를 제안하였다. 이를 바탕으로 내러티브 코칭에서도 이 대화법을 '시그니처 찾기 대화' 기법이라 명명하였다. 시그니처를 단순한 예외적인 사건이 아닌, 클라이언트의 가치와 정체성이 반영된 삶의 단초로 전환하기 위한 대화 과정을 구조화한 것은 다음과 같다.

글 상자 4 시그니처 찾기 대화 프로세스

1) 시그니처 정의하기
2) 시그니처 영향 탐색(행동, 정서, 관계, 인지 등 달라진 점)
3) 시그니처에 대한 생각 · 감정 듣기
4) 평가 근거 파악(중요성, 의미, 가치, 신념, 소망, 연결 등)

이제 이 절차들을 하나씩 살펴보기로 하자.

✔ 1단계. 시그니처 정의하기

코치는 클라이언트의 삶에서 문제가 작동하지 않았거나, 기존 반응과 달랐던 순간을 구체적으로 묘사하도록 돕는다. 이 질문은 코치가 '예외'의 가능성을 포착하고, 클라이언트가 그것을 구체적인 시간과 사건으로 회상하도록 돕는 과정이다.

예 "그날은 평소와 달리 아내분에게 화를 내지 않으셨다고 하셨죠? 어떻게 화를 내지 않으실 수 있었나요?"
"평소 같았으면 어떻게 반응하셨을까요? 그런데 그날은 어떤 점이 달랐나요?"

✔ 2단계. 시그니처의 영향 탐색하기

코치는 그 사건 또는 행동이 클라이언트에게 어떤 정서적 · 관계적 영향을 주었는지를 탐색한다. 이 과정에서 클라이언트는 단순히 이례적인 행동을 넘어서, 그 행동이 자신에게 어떤 감정적 의미와 경험을 남겼는지를 말하게 된다.

예 "그 행동이 자신의 하루에 어떤 영향을 주었나요?"
"그날 이후, 관계에서 달라진 점이 있었다면 어떤 것이었나요?"

✔ 3단계. 시그니처에 대한 생각 및 감정 듣기

코치는 클라이언트(가족)가 그 경험에 대해 어떤 판단이나 평가를 내리고 있는지를 묻는다. 이는 클라이언트가 해당 사건을 어떻게 받아들였고, 자신에게 어떤 의미를 부여했는지를 명확히 하는 과정이다.

예 "그때 하신 행동을 지금 되돌아보니, 어떤 느낌이 드시나요?"
"그 사건에 대해서 어떤 생각이 드세요?"

✔ 4단계. 평가의 근거 파악

코치는 클라이언트가 그 평가를 하게 된 내면의 기준, 가치, 신념, 삶의 바람 등을 탐색한다. 이 과정은 독특한 결과를 삶의 정체성과 선호하는 이야기로 연결하는 열쇠이며, 코치는 이로써 클라이언트의 '삶의 이야기'를 재구성하는 토대를 마련하게 된다.

예 "그런 방식으로 반응했던 게 어떤 면에서 자신에게 중요했나요?" "그때의 행동은 자신이 바라는 삶과 어떤 면에서 연결되어 있었나요?"

이 네 단계 대화 흐름은 반드시 순차적으로 진행되어야 하는 것은 아니다. 클라이언트의 표현과 탐색의 깊이에 따라 유연하게 반복되기도 하고 확장된다. 코치는 클라이언트가 자신의 삶에 대해 능동적 해석자로 자리매김할 수 있도록 지지함으로써, 고객의 삶에 존재하고 있는 단편적인 시그니처들을 이어 클라이언트의 풍성한 내러티브로 확장하는 기반을 마련할 수 있다.

#사례 연구 7 아들의 성장을 원하는 클라이언트

코치: 말씀 들어 보니 아드님 문제로 수고가 크셨겠네요.

클라이언트: 애는 썼지만 제대로 해낸 것이 없어요. 아무래도 제가 많이 부족한 엄마인가 봐요. (불편한 문제를 지닌 참가자들은 자신이 해낸 것을 말하기보다 무언가 제대로 안 된 것을 강조해서 말을 한다. 따라서 코치는 참가자 말의 행간, 즉 속말을 제대로 읽어 내는 힘이 필요하다.)

코치: 그동안 어떤 시도를 해 보셨을까요?

클라이언트: 정말 안 해 본 것이 없죠. 대화법 책도 읽고 아이랑 대화

도 평상시보다 다르게 해 보기도 했고요, 청소년센터도 찾아다니면서 상담도 받아 보고…… 근데 모두 헛수고였나 봐요.

코치: 어머님은 어떻게 그렇게 많은 것을 하셨나요?

클라이언트: 제가요? 남들도 그만큼 하지 않나요? (이럴 때 클라이언트가 당연하게 여기는 것을 당연하게 여기지 않도록 인식 전환을 돕는 것이 필요하다. 대부분 문제 상황에 놓인 클라이언트들은 부정적 결과에 주목한 나머지 자기가 애쓴 이야기가 별것 아닌 것으로 간주한다. 즉 내면의 힘을 소홀히 여기기 때문에 자신감을 잃고 힘들어한다.)

코치: 오늘 코칭에 참여하신 모습만 봐도 어머님의 노력을 알 수 있죠.

클라이언트: 제가 원래 한다면 하는 사람이긴 해요. "내 인생에 포기란 없다."라고 생각하며 살죠.

코치: "내 인생에 포기란 없다."를 말해 줄 사건 하나만 들려주시겠어요?

클리이언트: 제가 지금 직장을 아주 만족해하는데, 여길 찾는 데까지 9년이 걸렸어요. ……

(클라이언트는 대화 초반에 자신에 대해 '부족한 엄마'라는 평가를 하고 있음을 확인할 수 있다. 그러나 대화 중반에 '내 인생에 포기란 없다.'라는 신념을 가지고 살아 온 클라이언트의 시그니처를 조명하여 '부족하고' '모두 헛수고'였다는 지점에 함몰되지 않고, 자신에게 어울리는 선택이 어떤 것이 있는지를 이어 탐색할 수 있다.)

제6장

4단계: 대안적 내러티브 구성

1. 선호하는 정체성 강화

만일 자신이 반복적이며 지속적으로 불편한 감정상태에 놓여 있다면 낡은 내러티브에서 벗어나 자신의 잠재력을 해방시킬 필요가 있다. 대부분 사람들은 목표 달성과 성과 향상에 초점을 맞춘다. '어떻게 하면 인정받을까?' '어떻게 하면 성공하고 행복할까?'와 같은 질문들이 삶의 중심을 이룬다. 그러나 수많은 사람을 코칭하며 깨달은 사실은, 그들의 내면 깊은 곳에는 달성해야 할 목표보다 먼저 해결해야 할 근본적인 장애물이 존재한다는 것이다. 그것은 바로 자신 혹은 세상에 대해 반복적으로 말해 온 낡은 자기 내러티브(Self-Narrative)다. 그 안에는 자책이나 환경 탓 혹은 남 탓이 많다. 외부 탓을 한다는 것은 통제력을 남에게 넘겨준 것과 같다.

코칭에 내러티브 접근이 필요한 이유는 여기에 있다. 일에는 앞뒤 순서가 있다. 프로세스가 좋아야 좋은 결과를 얻을 수 있다. 행동방식의 설계에 앞서 클라이언트가 자기 존재에 대한 인식패턴 자체를 변화시키는 것이 먼저다. 정체성이 바뀌면 삶의 이야기도 따라서 바뀐다. 삶을 하나의 이야기로 바라보고, 그 이야기의 저자

(Author)로서 클라이언트가 새로운 삶을 써 내려가도록 돕는 것이 내러티브 코칭의 핵심이다.

1) 정체성의 감옥: 낡은 이야기

사람들은 자신의 경험을 끊임없이 해석하고 이야기로 엮어 낸다. 문제는 그 이야기가 비록 극히 일부분의 사실에 기반했을지라도, 곧 자신 전체의 정체성을 규정하는 감옥이 된다는 것이다. 꼬리가 몸통을 흔드는 격이다. 코칭에서 만난 한 전문직 종사자는 잦은 불안과 우유부단함을 호소했다. 그는 스스로를 "나는 소심한 겁쟁이이며, 결정 장애가 있는 사람"이라고 정의하고 있었다. 그러나 이것은 그가 바라는 그의 모습이 아니었다.

이 경우, '결단력 향상 훈련' 같은 전통적인 훈련 기법은 일시적인 효과가 있을 수는 있으나, 지속적인 효과를 기대하기는 어렵다. 그의 내면에는 이미 '나는 겁쟁이'라는 강력한 스크립트(각본)가 돌아가 있기 때문이다. 내러티브 코칭은 이 스크립트를 해체하는 것에서 시작한다.

코치는 클라이언트의 삶에서 '겁쟁이'라는 내러티브와 모순되는 경험을 의도적으로 탐색한다. "자신이 두려움에도 불구하고 용감하게 행동했던 순간은 언제였나요?"라는 질문을 했다. 이내 잊고 있던 '자발적 이직' '낯선 곳에서의 도전' 같은 그동안 간과되었던 이야기들이 발굴되었다.

주목하지 못했던 자신의 삶의 이야기들을 모으게 되면, 이내 클라이언트는 스스로에게 질문하게 된다. '이러한 이야기의 주인공인 나는 정말 겁쟁이인가? 아니면 용감함과 겁쟁이 기질을 모두 가진 복합적인 존재인가?' 이처럼 시그니처는 클라이언트가 선호하는 정체성을 한층 견고히 만들 수 있는 원료가 된다.

2) 문제와 사람 분리: '주체'인 내가 '문제'를 대상화

내러티브 접근의 특징 중 하나는 문제를 사람과 분리하여 생각하는 것이다. 자신의 문제나 어려움을 자신과 동일시하지 않고, 자신과 다른 대상으로 분리한다. 예를 들어, '미루는 습관'을 가진 클라이언트에게 "자신을 괴롭히는 그 '미루기 손님'은 언제 가장 활동적인가요? 그 손님의 목소리는 어떤가요?"라는 식의 질문은 그 문제를 대상화하여 탐색하게 한다.

이러한 접근을 통해 클라이언트는 자신의 '나쁜 습관'이 자신의 본질이 아님을 인식할 수 있다. 더 이상 '나는 의지박약이다.'라고 자책하는 대신, '미루기 손님이라는 외부의 적과 싸우는 나'라는 대안적 정체성을 갖게 된다.

이 분리 과정을 통해 문제가 객관적인 탐구 및 분석 대상이 된다. 클라이언트는 문제가 자신의 일부인 양 문제를 감정적으로 끌어안고 고통받는 대신, '미루기 손님이 가장 약해지는 시간은 언제일까?' '그 손님을 물리치기 위해 새로운 내러티브(용기, 주도성) 속 주인공은 어떤 행동을 할까?'를 전략적으로 고민할 수 있게 된다.

2. 주요 기법 1: 관계확장 대화

내러티브 코칭의 관계확장 대화는 클라이언트가 자신의 내러티브 속에서 이러한 다양한 관계들과의 경험을 재발견하고, 그 관계들이 클라이언트 삶과 정체성에 미치는 긍정적 영향을 인식할 수 있도록 돕는다. 관계확장 대화는 단방향적 관계가 아닌 상호적이며 양방향적인 관계임을 강조하고, 이를 통해 클라이언트 내러티브를 보다 풍성하고 역동적으로 확장한다.

내러티브 코칭의 관계확장 대화는 내러티브 상담에서의 '회원재구성'과 연결된다. 회원재구성은 클라이언트의 정체성이 타인과의 관계 그리고 중요한 사람들과의 상호작용 속에서 형성되고 재구성된다는 철학에 근거한다(White, 1988). 이때 '회원(member)'이란 클라이언트 삶에 영향을 미친 모든 존재를 뜻하며, 사람뿐 아니라 가상의 인물, 반려동물, 추억의 물건 등도 포함된다.

관계확장 대화는 크게 두 개의 스텝으로 구성된다. 첫 번째 스텝에서는 클라이언트가 자기 인생에서 중요한 '대상'을 지정하고, 그 '대상'이 자신에게 미친 긍정적 영향과 기여를 탐색한다. 예를 들어, "어떤 사람이 당신에게 힘이 되었나요?" "그 사람과 만난 것은 언제였나요?" "그 관계를 통해 어떤 힘이나 지지를 느꼈나요?"와 같은 질문이 사용된다.

두 번째 스텝에서는 클라이언트가 그 '대상'에게 자신이 어떤 영향을 주었는지, 어떤 의미를 주었는지를 성찰하며 상호적 관계임을 인식하도록 격려한다. 이 과정에서 클라이언트는 관계 내 주체성을 강화하며, 자신의 선호하는 정체성에 사회적 지지 구조가 포함됨을 깊이 이해하게 된다.

관계확장 대화는 대안적 내러티브 단계에서 다시 쓰기 대화와 함께 클라이언트의 정체성 내러티브를 확장하고 풍요롭게 만드는 역할을 한다. 이 과정을 통해 클라이언트는 단순히 개인 내러티브뿐만 아니라 자기 주변 관계망 속에서 힘과 의미를 증진시키고, 삶의 방향성을 새롭게 설정한다.

화이트(2007)는 정체성은 관계 속에서 형성된다고 강조한다. 자신의 정체성은 자신이 속한 사회에서 주고받은 다양한 소통 속에서 자신이 누구인지를 찾아가고, 알아 간다는 것이다. 이러한 맥락에서 관계확장 대화는 클라이언트가 삶에서 만난 다양한 관계 속에서 클라이언트 스스로 자기 자신이 어떤 사람인지, 특히 자신이 선호하는 자기 모습을 조명하는 데 기여할 수 있다.

또한 이전에 주목하지 못했던 의미 있는 관계가 재발견되면서, 클라이언트는 삶의 고립감이나 소외감에서 벗어나 자신을 지지하는 관계적 힘을 경험하게 된다. 이로 인해 내러티브 코칭은 개인의 성장뿐 아니라 사회적 연결성 회복을 견인하는 효과적 도구가 된다.

#사례 연구 8 임원 승진 좌절 후 다시 시작하는 클라이언트의 관계확장 대화

코치: 최근에 회사에서 임원 승진을 못 해서 많이 속상하셨는데도, 다시 마음을 다잡고 새롭게 시작하려는 마음까지 가지게 되셨네요. 지금 이 결심을 잘 이해해 주는 사람으로 누가 떠오르시나요? (스텝 1, 의미 있는 대상에 대한 질문)

클라이언트: 음…… 대학 졸업 후 첫 직장에서 만난 사수가 생각납니다. 저희 팀 팀장님이셨어요.

코치: 그 팀장님에 대해 좀 더 이야기해 주시겠어요? 어떤 분이셨나요? (스텝 1, 의미 있는 대상에 대한 질문)

클라이언트: 능력이 아주 뛰어나신 분인데, 특히 저에게 많은 것을 알려 주셨습니다. 그때는 몰랐지만, 그분도 한동안 회사에서 인정을 받지 못하다가 나중에 크게 인정받으셨어요. 제가 만났을 때는 힘든 시기였는데도 저에게 차근차근 잘 가르쳐 주셔서, 덕분에 저는 동기들보다 승진도 빨랐어요.

코치: 그분과 어떤 일이 있었나요?

클라이언트: 그 회사는 평사원이 임원들 앞에서 발표하는 일은 일어나지 않는 곳이었어요. 그런데 제가 그 룰을 깬 첫 번째 사람이였죠.

코치: 어떻게 그게 가능했나요?

클라이언트: 제가 그 팀장님께 아이디어를 보고서로 만들어서 드렸는데, 보시고는 저에게 직접 발표하라고 하시더라고요.

코치: 그래서 어떻게 되었나요?

클라이언트: 제가 사장님부터 임원들만 있는 자리에서 발표를 잘했죠. 지금 생각해도 너무 잘했어요. 떨릴 만도 한데 하나도 안 떨

렸어요. 제 아이디어니까요. 그리고 그 아이디어가 잘 진행되었고요.

코치: 그 사수분께서는 ○○ 님의 어떤 면을 높이 평가하신 걸까요? (스텝 2, 클라이언트가 그 대상에게 끼친 영향)

클라이언트: 잘은 모르겠지만, '뭐든 열심히 달려들어서 키우고 싶다'고 말씀하셨던 기억이 납니다. 요령 안 피우고 열심히 하는 것을 중요하게 생각하신 분이시거든요.

코치: '뭐든 열심히 달려든다'는 뜻이 어떤 뜻인가요? (관계 속에서 클라이언트의 정체성 관련 질문)

클라이언트: 지금도 그렇지만 제가 뭐든 열심히 해요. 앞뒤 재거나 하지 않죠. 잔머리 안 굴려서 손해도 보지만 저는 제가 맡은 일에는 최선을 다해요.

코치: 그 사수분은 그 점을 알아보신 걸까요?

클라이언트: 그런 것 같아요. 자주 그 말씀을 해 주셔서 그 뒤로 저도 그 생각을 많이 하거든요.

코치: 지금 말씀하시면서 팀장님이 다시금 떠오르셨을 텐데요. 지금 팀장님이 옆에 계신다면 ○○ 님에게 뭐라고 말씀하실까요?

클라이언트: "너 하던 대로 해. 머지않아 알아볼 거야."라고 하실 것 같아요.

코치: 지금 이렇게 그 사수분을 떠올리고 있다는 사실을 그분이 아신다면, 어떤 느낌일까요? (상호관계에 대한 질문)

클라이언트: 팀장님도 기쁘고, 다시 힘이 될 것 같습니다. 저도 그렇고요.

3. 주요 기법 2: 다시 쓰기 대화 – 행동과 정체성

사람들은 자신의 경험을 이야기로 구성하고 해석하기에 서사적 존재이기도 하다. 우리 모두 자신의 삶을 써 내려가는 저자이다. 하지만 자신이 이런 주체적 존재라는 인식을 간과하기 쉽다. 내러티브 코칭은 클라이언트로 하여금 자기 삶의 이야기의 주저자임을 인식하게 한다. 자신이 삶을 주체적이며 능동적으로 영위하면서 문제 또한 조절하고 관리하는 존재임을 자각하도록 하는 방향성을 가지고 있다. 삶 속의 어려움은 편집할 수 없는 팩트이지만, 그 팩트들을 어떻게 이해하고 어떤 의미를 부여할지는 전적으로 클라이언트의 선택에 달려 있다.

이렇게 찾아낸 대안적 내러티브는 자신의 잠재력을 일깨우고 가능성을 확장시키는 핵심이 된다. 코칭은 클라이언트가 모르는 것을 알려 주는 작업이 아니다. 알던 것을 혹은 자기 내면에 있던 것을 찾아내는 과정이다. 내러티브 코칭이 정체성과 시그니처 등에 초점을 두는 이유가 그것이다.

코칭에서 내러티브적 접근은 클라이언트가 자신의 삶을 주도적으로 살아갈 수 있도록 돕는 강력한 도구다. 자신의 이야기를 이해하고, 그 안에서 의미를 찾는 과정은 클라이언트가 자신의 삶에 대한 주체성을 회복하고, 보다 의미 있는 삶을 살아가는 데 큰 도움을 준다. 따라서 코칭은 단순히 문제를 해결하는 것을 넘어, 클라이언트가 자신의 정체성을 올바로 이해하고, 그 안에서 의미를 발견하여 자기 삶의 주인공으로 살아가도록 돕는 매우 중요한 역할을 한다. 다시 쓰기 단계에서는 행동 영역과 정체성 영역을 함께 다루는 것이 특징이다.

1) 행동 영역

코치는 클라이언트에게 대안적 정체성과 잘 연결되는 사건이나 상황, 에피소드 등을 이야기하도록 질문한다. "자신을 잘 나타낸 사건에는 어떤 것이 있나요?" "과거 경험 중에서 자기 자신이 잘 드러난 일을 말씀해 주세요."와 같이 행동과 관련한 질문을 하여 클라이언트가 자신의 인생에서 주체적이고 능동적인 삶의 모습을 보여 주는 내러티브를 찾도록 한다. 클라이언트는 앞서 탐구해 낸 시그니처를 계속 모아 자신의 이야기를 풍부하게 만들어 갈 수 있다.

2) 정체성 영역

코치는 정체성 영역으로 이동하여 클라이언트 행동의 의미를 탐색하는 질문 단계로 들어간다. 코치는 클라이언트의 행동을 이야기하는데 머무르지 않고, 이면에 존재하는 클라이언트(행동 주체)의 지향과 의도, 다시 말해 클라이언트가 선호하는 방향으로 대화를 진행시킨다. 정체성 영역을 다루는 것은 클라이언트가 자기 경험에 의미를 발견하고, 개인의 내러티브가 만들어지는 과정과 정체성이 수립되는 과정을 이해하는 데 기여한다.

정체성 관련 질문이라고 하여 너무 어렵게 생각할 것은 아니다.

크게 구분하여 'How에 관한 질문인가? 혹은 Who에 관한 질문인가?'를 생각해 보면 좋다. 이럴 때 겉으로 드러난 행동에 초점을 두면 How로 향하게 된다. 예를 들면, "어떻게 그렇게 하실 수 있었나요?" "무엇이 중요하다고 생각해서 그때 그런 결정을 하신 걸까요?" 등이 있다. 또한 행동 영역도 정체성 영역도 과거나 현재에만 국한할 필요는 없다. 미래에 대한 이야기도 주고받을 수 있다.

#사례 연구 9 행동에서 정체성을 찾아내는 클라이언트

코치: 내년에 꼭 하고 싶은 것은 어떤 게 있을까요? (행동 영역 질문)

클라이언트: 내년에는 꼭 책을 쓰고 싶어요.

코치: 아! 책을 쓰고 싶으시군요. 어떤 주제로 쓰실 건가요? 언제 마치면 좋을까요? (행동 영역 질문)

클라이언트: 제 경험을 바탕으로 에세이를 쓰고 싶어요.

코치: 그 에세이를 쓴다는 것은 ○○○ 님의 삶에 어떤 의미인가요? (정체성 영역 질문)

클라이언트: 오래된 숙제를 끝내는 것 같아요. 마음속에서 생각한 것은 오래되었는데 미루고만 있었거든요.

코치: 그 숙제를 마치고 나면 어떤 기분이 드실까요?

클라이언트: 후련할 것 같아요.

코치: 후련할 것 같다고 하셨는데, 왜 그렇게 생각하신 걸까요?

클라이언트: 나 자신과의 약속을 지킨 것이니까요.

코치: 아 그렇군요. 자기 자신과의 약속을 지키는 것은 ○○○ 님이 앞서 말씀하신 책임감과 연결되는 건가요? (정체성 영역 질문)

#사례 연구 10 건강 회복을 희망하는 클라이언트

코치: 오늘 병원 다녀오셨는데, 지금 기분은 어떠세요? (행동 영역 질문)

클라이언트: 오늘 병원 가기 너무 싫었거든요. 치료가 너무 힘드니까요. 그래도 밖에 나갔다 오니 기분이 조금 나아진 것 같아요.

코치: 치료받기 힘들어 병원 가기 싫으신데도 다녀오실 수 있었던 것은 어떤 마음으로 다녀오신 건가요? (정체성 영역 질문)

클라이언트: 빨리 낫고 싶은 마음뿐이에요.

코치: 그러셨군요. 그 마음이 드신 이유가 있나요?

클라이언트: 아내에게 짐이 되고 싶지 않거든요.

코치: 아내분을 생각하였기에 치료받기 힘들어도 다녀오실 수 있으셨던 건가요? (정체성 영역 질문)

클라이언트: 맞아요.

코치: 그것은 ○○○ 님에게 무엇이 중요하다는 것을 말하나요? (정체성 영역 질문)

클라이언트: 저는 행복한 결혼 생활을 하고 싶었거든요.

코치: 행복한 결혼 생활을 위해 어떤 노력을 해 오셨나요? 그중에서 한 가지 들려주시겠어요? (정체성을 강화할 수 있는 또 다른 행동 영역 질문으로 이어 감)

코치는 자기가 짐작하는 것이 맞을 것이라는 속단이나 예단에 조심할 필요가 있다. 코치는 '알지 못함'의 자세로 계속 탐색하는 것이 중요하다. 클라이언트 입장에서는 정체성 영역의 질문이 그 누구도 자신에게 한 번도 물어봐 준 적이 없는 그런 내면을 향한 속 깊은 질문이다. 그런 질문을 받는 것은 무척 생소하지만 자신의 정체성이 발견되는 선물과 같은 시간이 될 수 있다. 바꿔 말하면, 코치는 클라이언트에게 '좋은 질문'을 선물하는 사람이다.

#사례 연구 11 습관을 바꾸고 싶은 클라이언트

코치: ○○ 님이 스스로를 '해내는 사람'이라고 느꼈던 그 뿌듯한 순간을 떠올려 보시겠어요? 그 모습 그대로, ○○ 님이 정말로 살고 싶은 삶의 하루는 어떤 모습일까요? 머릿속에 영화를 그리듯 아주 구체적으로 상상해 볼까요? (미래 서사 질문)

클라이언트: 음…… 아침에 알람 소리를 듣고 바로 일어나요. '오늘은 뭐부터 시작할까?' 생각하면서 활기차게 하루를 시작하고, 중요한 일부터 먼저 끝내는 거예요. 저녁에는 미뤄 둔 일 때문에 불안해하지 않고, 책도 읽고, 좋아하는 음악도 들으면서 편안하게 하루를 마무리하고 싶어요.

코치: (미소 지으며) 정말 멋진 하루네요! '불안감'이 사라지고 '활기차고 편안함'이 그 자리를 채우는군요. 그 영화의 첫 장면을 오늘 당장 찍어 볼 수 있다면, 어떤 작은 행동으로 시작하시겠어요? 아주 사소한 일이라도 괜찮아요. (행동 영역 질문)

클라이언트: 음…… 내일 아침에 일어나서, 유튜브를 열어 보지 않고, 가장 먼저 해야 할 일 목록을 종이에 쓰는 것부터 해 볼게요. 딱 1분만이라도요.

코치: 그렇게 하면 무엇이 좋아질까요?

클라이언트: 제가 할 일에 대한 우선순위를 정하는 데 도움이 될 거예요. 예전에 이렇게 한 적이 있었는데 이걸 잊고 지냈네요.

코치: 과거에도 이렇게 이미 해 보셨군요! 일어나서 가장 먼저 해야 할 일을 쓰고 우선순위를 정하는 사람은 ○○ 님이 어떤 사람이라는 것을 의미하나요? (정체성 영역 질문)

클라이언트: '미루는 사람'이 아니라 '계획하는 사람'이요. 저는 무슨 일이든 계획 세워서 하는 걸 좋아해요.

코치: 오호! 그렇군요. 계획을 세워 일을 한 일들 중에 ○○ 님에게 큰 도움이 되었던 경험을 들려주시겠어요? (정체성을 강화할 수 있는 또 다른 행동 영역 질문으로 이어 감)

제7장

5단계: 미래 내러티브 설계

1. 미래 비전과 행동계획 수립

앞의 4번째 단계를 통해 클라이언트는 자신의 새로운 정체성을 인식하고 선호하는 이야기를 재구성했다. 그러나 이것이 실제 삶 속에서 구체적으로 어떻게 살아 움직일 것인지, 어떤 행동으로 나타날 것인지가 명확하지 않으면 새로운 이야기는 단순한 희망사항에 머물 수 있다. 5단계는 이 내면상태의 변화를 현실의 시간, 장소, 관계, 행동으로 구체화하는 단계다. 미래의 선호하는 정체성과 부합하는 이야기를 현재로 가져오고, 그것을 살아갈 구체적인 방법을 함께 설계하는 것이다.

내러티브 코칭의 5단계는 단순히 행동 목표를 세우는 것을 넘어, 클라이언트가 자신의 새로운 이야기의 주인공으로서 실제로 어떻게 살아갈 것인가를 풍부하면서도 구체적으로 상상하고, 그 이야기를 자기 삶 속에서 쓰기 시작하도록 돕는 과정이다. 이는 내러티브 코칭에서 가장 실천적이면서도 가장 창조적인 단계다.

1) 미래 비전 구체화

클라이언트가 4단계에서 '선호하는 정체성'을 재구성했다면, 5단계에서는 그 정체성이 실제로 살아 움직이는 모습을 영상처럼 그려 보는 것이 첫걸음이다. 이는 단순한 꿈이나 희망이 아니라, 클라이언트의 과거 경험과 현재 자원 그리고 자신이 중요하게 여기는 가치에 기반한 현실적이고 구체적인 미래상이다.

미래 비전을 구체화한다는 것은 마치 한 편의 영화 장면을 세밀하게 촬영하는 일과 같다. 언제, 어디서, 누구와, 어떻게 그 새로운 정체성으로 살아갈 것인가를 구체화할 수 있도록 돕는 것이다. 코치가 던지는 질문은 클라이언트를 미래 시간여행의 동반자 역할을 한다. 이해를 위해 다음 5단계 내러티브 코칭 대화를 만나 보자.

#사례 연구 12 미래를 구체화하는 클라이언트

코치: 그 새로운 이야기의 주인공인 자신은, 3개월 뒤에는 어떤 모습으로 살아가고 계실까요?

클라이언트: 어떤 모습이요?

코치: 예를 들어, 아침에 눈을 떴을 때부터 밤에 잠들 때까지, 자신의 하루는 어떻게 달라져 있을까요? 마치 영화처럼 그 주인공을 카메라에 담아 본다면요.

클라이언트: 음…… 아침에 일어나서 일단 기분이 다를 거 같아요. 제가 해야 할 일이 뭔지 명확하니까. 그리고 일하면서도 덜 불안해할 것 같고요.

코치: 아침에 일어났을 때의 그 기분에 대해 조금 더 자세히 표현해 주시겠어요? 그 기분이 어떤 것인지, 몸에서는 어떻게 느껴지는지요.

클라이언트: 흠…… 마음이 가볍다? 그런 게 느껴져요. 어젯밤에 미뤄 둔 일 때문에 무거웠던 그 마음이 없는 거죠.

코치: 그렇다면 이전과는 다르게 가벼워진 마음으로 하루를 시작할 때, 자신에게 뭐라고 말하고 있을까요?

클라이언트: 아, 속수무책이나 절망감이 아니라 '오늘도 할 수 있다.' 이런 생각이 들 것 같아요.

이러한 대화를 통해 클라이언트는 미래의 하루를 먼 이야기가 아닌 현재 시제로 생생하게 상상한다. 그것은 더 이상 추상적인 목표가 아니라, 실제로 감각할 수 있는 현실이 된다. 이 구체화 과정은 클라이언트의 뇌가 이 미래상을 현실의 것으로 인식하도록 도우며, 그로 인해 그 미래를 향한 행동 동기가 강화되는 데에 기여할 수 있다. 미래 비전을 구체화할 때에는 다음과 같은 여러 차원을 함께 탐색하는 것을 염두에 두는 것이 좋다.

✔ 행동의 차원

새로운 정체성의 주인공이 어떤 행동을 하는가. '미루기 마법사'에 저항하는 주인공이라면, 어떤 시간에 어떤 행동으로 그것을 표현할 것인가를 탐색한다.

코치: 그 마음으로 어떤 일을 하고 싶으세요?

코치: 그 '해내는 사람'이라는 새 이야기 속에서, 자신은 매일 아침 구체적으로 무엇을 하고 있을까요?

✔ 감정과 정서의 차원

그 행동을 할 때 어떤 감정을 느끼는지, 새로운 정체성으로 살아갈 때의 심리적 상태는 어떻게 달라지는지를 탐색한다.

코치: 그렇게 목표를 향해 나아갈 때, 마음 속에는 어떤 감정들이 흐르고 있을까요?

✔ 관계의 차원

새로운 정체성이 주변 사람들과의 관계에서 어떻게 나타나는가, 가족, 동료, 친구들은 이 변화를 어떻게 보게 될까를 탐색한다.

코치: 이런 변화가 생기면, 자기를 가장 잘 아는 사람은 자기의 어떤 변화를 먼저 알아챌까요?

✔ 의미의 차원

이 변화가 자신의 삶에 어떤 의미를 갖게 되는가, 이것이 자신이 소중히 여기는 가치와 어떻게 연결되는가를 탐색한다.

코치: 자신이 이렇게 변화한다면, 그것은 자기 삶에서 무엇을 의미하게 될까요? 자신이 무엇을 추구하는 사람이라는 것을 말해 주게 될까요?

이 네 가지 차원을 함께 탐색함으로써, 미래 비전은 단순한 목표 달성의 체크리스트가 아니라, 클라이언트의 온 삶이 입체적으로 변화를 이루고 의미 있는 내러티브가 된다.

2) 구체적 행동계획 수립

미래 비전이 선명해졌다면, 이제 그 비전을 현재의 작은 행동들로 분해한다. 마치 미래에서 출발하여 현재로 도달하는 '역추적(Backtracking)'이라고 할 수 있겠다. 원하는 목적지로 가기 위한 경로를 잘 세우기 위해 목적지로부터 출발지로 도달하는 방식으로, 미래의 모습에서 시작하여 오늘 당장 무엇을 해야 하는지를 역순의 단계로 파악해 나가는 것이다.

행동계획을 세울 때 중요한 원칙이 있다. 첫째, 계획이 '너무 거창하면 안 된다'는 것이다. 대부분의 사람은 변화의 기세에 취해 과도한 계획을 세우곤 한다. 그 결과 며칠 되지 않아 포기하기도 한다. 내러티브 코칭에서는 '실행 가능한 작은 첫 걸음'을 강조한다.

둘째, 행동 자체가 아니라 '그 행동을 통해 표현되는 새로운 정체성'에 초점을 맞춘다. 예를 들어, '매일 아침 10분 운동하기'라는 행동 자체가 목표가 아니라, '자신의 건강을 소중히 여기는 사람'이라는 정체성이 그 행동으로 표현되는 것이다. 미래에서 현재로 역추적하는 과정을 네 가지 시간 구간으로 나누어 생각해 볼 수 있다. 그러나 이 네 가지를 모두 다루어야 하는 것은 아니고, 클라이언트 상황에 맞게 유연하게 진행할 수 있다.

✔ **장기적 행동 목표(3~6개월)**

클라이언트가 선호하는 정체성이 삶 속에서 상당히 정착되었을 단계로, 이 시점에서 '클라이언트의 삶은 어떻게 달라져 있을까'에 대한 대화를 나누어 볼 수 있다.

✔ **목표 상태의 예**

- 믿고 맡길 수 있는 팀원을 두 명 이상 육성한 상태
- 다른 사람의 눈치를 보기보다는 주도적으로 결정하고 실행력을 갖춘 상태

✔ **중기 행동 목표(1~3개월)**

선호하는 삶의 내러티브가 조금씩 현실화되기 시작하는 단계로 처음에는 작지만 의미 있는 변화들이 누적되는 시기다.

- 팀원 한 명과 신뢰적 관계를 천천히 구축하기
- 주요 프로젝트 하나를 내가 생각한대로 실행해 보기

✔ **단기 행동 목표(1주~1개월)**

이번 달 내에 달성 가능하고, 명확하게 측정 가능한 목표에 대해 대화를 나눈다. 작지만 새로운 정체성을 표현하는 행동들이다.

- 팀 내 누군가와 팀 분위기에 대해 깊이 있는 대화를 1회 가져 보기
- 주 3회 이상, 내가 생각한 중요한 일부터 먼저 시작하기

✔ 즉시 실행 계획(이번 주)

코칭 세션이 끝나고 돌아가는 길에 당장 시작할 수 있는 아주 작은 행동. 이것이 가장 중요하다. 왜냐하면 변화는 작은 첫 행동에서 시작되기도 하고, 작은 성취가 변화를 이끄는 힘을 제공할 수 있다.

- 이번 주 내에 팀원 중 한 명과 티타임 갖기
- 일의 우선순위를 가리는 기준 마련하기

#사례 연구 13 역추적 코칭 대화

코치: 3개월 뒤에 자신이 바라는 정도의 신뢰 관계를 팀에서 형성하고 계신다면, 지금부터 1개월 동안에는 무엇이 달라져야 할까요?

클라이언트: 음…… 팀원 한 명이라도 정해서 좀 더 깊은 대화를 나눠 봐야 할 것 같아요.

코치: 그렇군요. 그럼 그 한 사람과 깊은 대화를 나누기 위해, 이번 주에는 무엇을 하시고 싶으세요?

클라이언트: 아, 먼저 그 팀원에게 차 한잔하자고 이야기해야겠어요. 이야기해 봐서 그 사람만 좋다면 식사를 같이 해도 좋고요.

코치: 좋습니다. 그렇게 할 때, 자신은 어떤 마음으로 임하실까요?

클라이언트: 신뢰가 중요해서 하는 거니까…… 음…… 관계를 소중히 여기는 사람의 행동을 해야겠죠?

코치: 오! 그러시군요. 자신이 '관계를 소중히 여기는 사람'이란 것을 그 사람이 어떻게 하면 더 잘 느낄 수 있을까요?

클라이언트: 네, 코치님이 제게 보여 주었던 여러 가지 표현법들을 제가 기억하고 있어요. 공감하고 존중하는 표현을 더 하고, 평가적인 표현은 안 하려고 합니다.

이처럼 역추적대화 과정은 단순히 '무엇을 할 것인가'라는 질문에서 시작하여, '어떤 사람으로서 그것을 할 것인가'라는 정체성 차원의 질문으로 깊어진다. 이 때문에 행동이 단순한 의무가 아니라, 자신의 새로운 내러티브를 구체화하고, 연결하는 창조적인 표현이 된다.

2. 주요 기법: 미래 선언 및 반영

내러티브 상담에서는 정의예식(definitional ceremony)이라는 절차가 있다. 내담자가 자신의 선호하는 정체성에서 비롯된 다짐, 결심, 계획 등을 내담자가 속한 조직, 커뮤니티, 사회 속에서 다른 사람들과의 관계로 재구성하고 인정받는 과정이다. 화이트는 정의예식의 유래가 문화인류학자 바바라 마이어호프(Barbara Myerhoff)의 연구에서 비롯되었다고 소개했다(White, 2007). 마이어호프는 유대인 노인 공동체의 대화의례 속에서 타인의 목격(witnessing) 행위를 통해 '존재가 사회적으로 구성된다'는 통찰을 제시하였다. 화이트는 이를 내러티브 상담에 적용하였다.

내러티브 코칭에서는 정의예식을 '미래 선언'이라 표현한다. '미래 선언'이라고 표현함으로써 클라이언트가 선언한다는 의미와 실행을 촉진해 나가는 주체자로서 책임을 강조하고자 한다. 다만, 외부 증인 대신 코치가 그 역할을 수행하는 방식으로 적용한다. 이 과정은 세 단계의 '순환적 말하기'로 전개된다.

미래 선언의 순환적 말하기의 용어는 다음과 같다.

- [미래 선언 스텝 1−말하기(telling)] : 클라이언트의 말하기
- [미래 선언 스텝 2−다시 말하기(Retelling): 코치의 반영] : 클라이언트가 한 말에 대한 코치의 말하기
- [미래 선언 스텝 3−다시 말하기의 다시 말하기(Retelling of the Retelling)] : 코치의 다시 말하기(스텝 2)에 대한 클라이언트의 말하기

첫 번째 스텝인 '말하기(telling)'에서 클라이언트는 자신이 구성한 미래 내러티브, 즉 선호하는 정체성과 그에 따른 다짐, 결심, 계획을 코치에게 선언한다.

두 번째 스텝인 '다시 말하기(retelling)'에서 코치는 외부 증인의 역할로서 클라이언트의 이야기를 듣고 자신에게 다가온 느낌이나 생각을 인용, 이미지, 회상, 다짐 등의 방법으로 코치의 입장에서 언어로 재구성하여 클라이언트에게 다시 말한다.

반영은 상담에서 많이 사용하는 기술로, 내담자의 진술에서 어떤 사건, 상황, 대상, 생각 때문에 생긴 다양한 생각, 감정을 상담자의 말로 내담자에게 되돌려 전해 주는 기술을 뜻한다. 특별히 내러티브 코칭에서는 그 이야기가 코치 자신의 경험과 어떻게 연결되는지, 어떤 다짐과 의미를 불러일으켰는지를 말한다. 코치에게도 클라이언트와 교류를 통해 배움이나 성찰 혹은 통찰이 생길 수 있기 때문이다.

세 번째 스텝인 '다시 말하기의 다시 말하기(retelling of the retelling)'에서 클라이언트는 코치의 다시 말하기를 듣고 자신의 이야기를 다시 한번 되돌아보며, 새롭게 발견한 의미나 더욱 명료해진 정체성을 재언어화한다.

이러한 세 단계 말하기 과정을 통해 클라이언트의 미래 내러티브는 단순한 개인적 계획을 넘어, 타자(코치)와의 관계 속에서 목격되고 인정받으며 사회적 현실로 두텁게 구성된다. 이는 미래 내러티브가 단지 머릿속 구상이 아닌, 관계 속에서 살아 숨 쉬는 실재적 정체성으로 전환되는 의미 있는 시간이 될 수 있다. 미래 선언의 프로세스는 아래와 같다.

1) 스텝 1(클라이언트): 말하기(Telling)

클라이언트가 자신의 미래 행보에 대해 이야기한다. 이 과정은 단순한 이야기가 아니라 클라이언트가 의미 있게 여기는 자신의 가치관과 정체성을 바탕으로 구체적인 미래 행보에 대한 내러티브를 중심으로 이야기한다. 다음의 코칭 대화를 참고해 보자.

#사례 연구 14 은퇴 이후의 삶을 준비하는 클라이언트

코치: 은퇴하시고 어떤 일을 하고 싶으세요?

클라이언트: 저는 사람 만나는 것을 좋아해요. 사람을 만나면 에너지도 많이 얻는 것 같아요.

코치: 사람을 만나는 것을 좋아한다는 것을 알고 계시는군요. 그렇

다면 그 점을 어떻게 활용하거나, 연결해 보고 싶으세요?

클라이언트: 저는 청소년들을 지도하거나 가르치는 일을 해 보고 싶어요.

코치: 왜 그렇게 생각하셨나요?

클라이언트: 제가 멘토나 가르치는 일을 하면 좋겠다고 생각했어요. 누군가를 돕고 싶거든요.

코치: 그러시군요. 그 돕고 싶은 마음을 어떻게 구체화시킬 계획이신가요?

클라이언트: 사실, 제가 작년부터 공부를 시작했어요. 청소년지도사 자격증을 따고 싶은데, 국가자격증이 있더라고요. 자격증을 가지고 있으면 그냥 봉사만 하는 것보다 더 오래 일할 수도 있고, 어디서 나를 말할 때도 신뢰를 줄 수 있을 것 같고요.

코치: 이미 시작을 하셨네요.

클라이언트: 네. 자격증 따는 데까지 짧게는 2년, 길게는 3년 정도 걸릴 것 같아요.

2) 스텝 2(코치): 다시 말하기(Retelling)

코치는 1단계에서 클라이언트의 이야기를 들으며 그 이야기에서 자신에게 인상적인 부분을 이야기한다. 이때, 코치는 클라이언트를 부정적으로 평가하거나 피드백 주는 것을 지양하는 것은 물론, 칭찬, 응원 등도 삼간다. 이것은 일반적인 코칭 접근과 크게 다른 부분이다. 종종 칭찬 등의 긍정적인 반응은 클라이언트를 격려하고 응원하는 방법이라고 생각하고 사용하는 경우가 많다. 그러나 칭찬 또한 평가에 기반한 것으로 클라이언트로 하여금 타인의 기준과 잣대에 부응하거나 혹은 부응하려고 노력하게 할 가능성도 있기 때문에 유의한다. 이에 클라이언트의 말하기 단계 이후 코치의 다시 말하기 과정에서 코치는 반영 기법을 활용할 수 있다.

글 상자 5 2단계 다시 말하기: 코치의 반영

1. 인용

클라이언트의 이야기 속에서 클라이언트가 사용한 단어, 문장 및 감정, 분위기 등을 섬세하게 포착하여 코치가 인용함으로써 그 표현을 다시 살아나게 한다. 이를 통해 클라이언트는 자신의 경험을 더욱 명확하게 인식하고 자기 내러티브에 깊이를 더할 수 있다.

코치: '누군가를 돕고 싶다'는 말씀이 제 귀에 강하게 남아요. 사실 은퇴 전까지 열심히 살았으니 이제는 편하게 살고 싶다는 생각을 하는 사람들도 많은데 ○○ 님은 은퇴 후에 누군가를 돕겠다는 마음을 가지셨다는 것이 저에게도 많은 울림이 되었습니다.

2. 이미지

코치는 클라이언트의 이야기를 들으며, 클라이언트나 클라이언트의 상황에 연결할 수 있는 이미지를 말한다. 이미지를 통해 클라이언트는 자신을 다각도로 바라보고 새로운 의미를 발견하도록 돕는다.

코치: 작년부터 공부도 시작하시고, 막연히 하는 것이 아닌 준비를 하는 것이 마치 긴 항해를 준비하는 선장 같은 이미지가 떠올랐어요. 선장은 그 여정에 대해서 가장 많이 알고 있는 전문가잖아요. 배가 떠나기 전에 무엇이 필요한지, 여정 속 변수도 미리 예측하고 준비하는 전문가요. 저는 ○○ 님이 은퇴 후에 띄울 큰 함선의 선장같이 느껴졌습니다.

3. 회상

회상에서는 클라이언트 이야기 속에서 코치 자신의 내면적 울림에 대한 반응을 표현한다. 이 과정은 코치와 클라이언트가 연결되는 순간으로, 클라이언트의 이야기가 타인과의 관계속에서 공고해지는 기반이 된다.

코치: 제가 고등학교 때 가정형편이 어려워 학원을 다니기 어려웠어요. 공부하다가 막히면 누구에게 좀 물어보고 싶었습니다. 오늘 그때가 생각나면서, 누군가는 ○○ 님에게 큰 도움과 위로를 받을 것 같다는 생각을 하게 되었어요.

4. 다짐

다짐에서는 클라이언트의 이야기가 코치의 생각과 관점 그리고 변화의 결심으로까지 확장된다. 즉, 반영이 과거 경험과 현재 정체성에 머무르지 않고 미래 삶의 방향성으로 나아가도록 돕는다. 이를 통해 클라이언트는 새로운 내러티브를 형성하며 자기 삶의 주체성을 더욱 강화하는 의미 있는 변화를 경험할 수 있다.

코치: 오늘 ○○ 님과 대화 나누면서, 저도 스스로 은퇴 후의 삶에 대해 막연히 생각만 하지 말고, 구체적으로 준비할 것이 무엇인지 생각해 봐야겠다고 제 마음을 다지게 되었습니다.

3) 스텝 3(클라이언트): 다시 말하기의 다시 말하기(Retelling of the Retelling)

클라이언트는 코치의 다시 말하기를 듣고, 자신에 대해 새롭게 느끼거나 알게 된 것을 이야기한다. 코치의 다시 말하기를 통해 자신이 타인에게 어떤 의미로 존재하는지, 자신의 변화가 사회적으로 어떤 울림을 생산하는지를 깨닫는다. 이는 클라이언트가 자기 이해를 확장하고, 자신의 삶을 다시 쓸 수 있는 당위성을 강화하는 계기가 될 수 있다.

#사례 연구 15 리더의 정체성으로 미래설계를 하는 클라이언트

1) 배경

클라이언트는 대기업 팀장으로 입사 때부터 '일 잘하는 사람'으로 인정받아 왔다. 그러나 팀장으로 승진한 후, 자신의 기준에 맞추려는 리더십 스타일로 인해 팀 구성원들과 마찰이 생겼다. 그는 자신을 '완벽주의적이고 성과에 있어서는 냉정한 리더'라고 정의하고 있었고, 이로 인해 소진과 고립감을 느끼고 있었다.

2) 내러티브 코칭 4단계(대안적 내러티브)까지의 변화

앞의 3단계까지의 코칭 대화를 거쳐, 클라이언트은 자신의 '엄격함' 아래에 숨겨진 '팀원들의 성장을 진심으로 바라는 리더'라는 새로운 정체성을 발견했다. 또한 '일이 잘 풀리지 않는 날도 있었지만, 그래도 팀원들과의 신뢰를 잃지 않으려고 노력했던 순간들'(시그니처)을 찾아냈다.

3) 내러티브 코칭 5단계(미래 선언)

[미래 선언 스텝 1–말하기(telling)]

코치: 팀장님, 앞서 발견하신 '팀원들의 성장을 진심으로 바라는 리더'라는 팀장님의 정체성이 실제로 조직 문화 속에서 어떻게 살아날지 궁금하네요. 3개월 뒤에 팀장님의 팀은 어떻게 달라져 있을 거라 생각하세요?

클라이언트: 음…… 지금보다는 덜 무서운 팀? 아니, 제가 다가가기 힘든 리더가 아니라, 어려울 때는 편하게 물어볼 수 있는 리더가 되어 있을 것 같아요.

코치: 그렇게 변화한다면, 팀장님은 팀원들과의 관계에서 구체적으로 무엇을 다르게 하고 있을까요?

클라이언트: 일방적으로 지시하기보다는, 먼저 물어보는 거죠. '이건 어떻게 생각해?' 그리고 그들의 아이디어를 진심으로 들어 주고요.

코치: 오, 그렇군요. 그때 팀장님은 팀장님 자신에 대해 어떻게 느끼고 있을까요?

클라이언트: '팀원들을 신뢰하고, 그들의 성장을 바라는 리더가 되었네'라고 생각할 것 같아요. 사실 그런 리더가 되면, 제 자신도 더 편할 것 같아요.

코치: 그렇다면 장기적, 중기, 단기 그리고 이번 주로 시간을 나누어 본다면, 각각의 행동 목표는 어떻게 될까요?

클라이언트: 장기라고 하면 어느 정도일까요?

코치: 장기는 앞으로 3~6개월후, 중기는 3개월, 단기는 1개월 정도요.

클라이언트: 장기적으로는 신뢰가 두터운 관계가 되는 거고, 그 중간에는 일단 팀 구성원 모두 심리적으로 안전한 문화를 만드는 거

고, 1개월 내에는 한 팀원과의 개별 면담에서 그들의 이야기를 먼저 듣는 경험을 하는 거. 이번 주에는 내일 회의 시작 전에, 팀원들에게 먼저 '오늘은 너희의 의견부터 먼저 들어 보자.'라고 선언하는 거요.

코치: 와! 체계적인 계획을 가지고 계시네요. 그 선언을 할 때, 팀장님은 어떤 마음으로 하시겠어요?

클라이언트: 음…… 솔직히 두렵기도 해요. 제가 통제를 거의 하지 않고 있는 거니까. 하지만 동시에 기대도 돼요. 팀원들이 어떻게 반응할지 알 것도 같기도 하면서 잘 모르겠어요.

코치: 팀장님에게 두려움과 기대가 공존하는 것이 저에게도 느껴지네요. 그러나 두려움도 기대도 모두 '팀원들의 성장을 진심으로 바라는 리더'의 감정이네요. 팀장님께서 조금 전 체계적인 계획을 말씀해 주셨는데요. 앞으로 어떤 리더로 살아가고 싶으세요?

클라이언트:(잠시 생각하다가) 저는…… 저는 말씀드린 것처럼 '팀원들의 성장을 이끌어 낼 수 있는 능력 있는 리더'가 되고 싶어요. 사실 지금까지 저는 제 기준으로 팀원들을 평가하고 밀어붙였어요. 성과가 중요하다고 생각했으니까요. 하지만 그게 전부는 아니더라고요. 사실, 저는 팀원들이 성장하는 걸 보면 정말 기쁘긴 했어도 더 성장해야 한다고 생각해서 오히려 더 다그쳤던 것 같아요. 거기서 멈추거나 교만해지면 안 되니까요. 이번에 코칭에 임하면서 제가 진짜 원하는 리더가 되려면 성과보다 신뢰가 중요하겠다는 것을 알게 된 것 같아요. 윈윈에는 신뢰라는 연료가 필요하다는 거죠.

[미래 선언 스텝 2–다시 말하기(Retelling): 코치의 반영]

[이미지] 코치: (잠시 침묵 후) 팀장님의 이야기를 듣는 동안 한 가지 이미지가 떠올랐어요. 큰 함선을 밤이나 낮이나 묵묵히 이끌고 있는 선장이요. 함선에 있는 모든 사람들의 안전과 여정을 걱정하며 자신의 역량을 아낌없이 발휘하는 선장 같다는 생각이 들었습니다.

[다짐] 그리고 팀장님의 이야기를 들으면서, 저 자신에 대해서도 생각하게 됐어요. 저도 코치로서 때때로 '정답을 줘야 한다'는 압박감을 느낄 때가 있거든요. 하지만 팀장님이 '팀원들의 의견부터 먼저 들어 보겠다'고 하신 것처럼, 저도 클라이언트들의 목소리를 더 깊이 듣는 코치가 되어야겠다는 다짐을 하게 됐습니다. 팀장님의 변화가 제 안에서도 변화를 만들어 내고 있네요.

[미래 선언 스텝 3–다시 말하기의 다시 말하기(Retelling of the Retelling)]

클라이언트: 코치님 말씀을 들으니 제가 정말 선장같이 운전을 잘 해야겠다는 생각도 들어요. 바다 위에서 뱃머리를 이리저리 바꾸거나, 혼자 고함치고 성질부리면 배에 탄 사람들이 괴로울 것 같아요. 가장 좋은 방법이라 생각하고 해 왔지만, 이제는 다른 방식도 시도해 볼 시점인 것 같고요. 그렇게 생각하니까 마음이 한결 가벼워지는 것 같아요.

그리고…… 코치님이 저 때문에 자신도 변화를 다짐하게 됐다고 하셨잖아요. 그 말이 저한테는 굉장히 의미가 컸어요. 제 변화가 누군가에게 영향을 줄 수 있다는 것이요. 팀원들도 그럴 수 있겠다는 생각이 드네요. 제가 변하면, 팀원들도 뭔가 느낄 수 있을 것 같아요.

사실, 저는 지금까지 '왜 내 마음을 몰라 주지.' 하며 서운하고 외로웠는데, 제가 혼자가 아니라는 걸 느꼈어요. 내일 회의실에서 팀원들 앞에 설 때도, 저 혼자가 아니라 여기서 나눈 이 대화가 함께 있을 것 같아요. 그게 저한테는 큰 힘이 될 것 같습니다.

코치: 팀장님, 내일 회의실에서, 그리고 앞으로 팀원들과 함께 하는 순간에, 오늘 여기서 발견하신 '팀원들의 성장을 진심으로 바라는 리더'로서 느낀 감정을 다음 세션에서 나누어 주세요. 팀장님의 내러티브가 어떻게 계속 이어져 나가는지 정말 기대되고, 궁금합니다.

클라이언트: 네, 꼭 그렇게 하겠습니다. 고맙습니다.

코치: 저도 감사합니다.

이 사례는 5단계 미래 내러티브가 어떻게 클라이언트의 추상적 변화를 구체적 행동으로 연결하고, 미래 선언을 통해 그 변화를 사회적 현실로 두텁게 만드는지를 보여 준다. 특히 주목할 점은 클라이언트가 장기-중기-단기-즉시 실행이라는 역추적 과정을 통해 미래 비전을 현재의 작은 행동으로 분해했다는 것이다. 그리고 미래 선언의 세 단계 말하기를 거치면서, '팀원들의 성장을 이끌어 낼 수 있는 능력 있는 리더'라는 새로운 정체성은 단순한 개인적 희망이 아닌, 코치라는 타자에게 목격되고 인정받은 사회적 약속이 되었다. 특히 코치의 '큰 함선을 이끄는 선장'이라는 이미지 반영은 클라이언트에게 자신의 리더십을 새로운 관점에서 바라볼 수 있는 은유적 자원을 제공했고, 이는 클라이언트가 자신의 과거 엄격함을 부정하지 않으면서도 새로운 방식으로 나아갈 수 있는 통로가 되었다. 이처럼 5단계는 내러티브 코칭의 여정이 변화된 현실 세계로 착륙하는 결정적 단계이며, 클라이언트가 새로운 이야기의 저자이자 주인공으로서 실제 삶을 살아가도록 돕는 창조적 과정이다.

제3부

내러티브 코칭의 적용

제 8 장

내러티브 코칭의 효과와 적용

1. 내러티브 코칭의 기대 효과

내러티브 코칭은 지속 가능한 변화를 이끌어 낸다는 점에서 매우 효과적이다. 왜냐하면 클라이언트가 당면한 문제 해결을 넘어, 자기가 선호하는 정체성으로 탈바꿈하여 능동성을 강화하는 주체성 중심의 근본적인 처방이기 때문이다. 이는 "문제가 문제이지, 사람이 문제가 아니다."라는 내러티브 상담의 혁신적 관점을 코칭 영역에 도입함으로써 다음과 같은 이론적 · 실천적 강점을 지닌다. 특히 내러티브 코칭은 클라이언트를 분석하고 평가하는 대상으로 여기지 않고 자신의 삶 이야기를 재구성하는 능동적 주체로 위치시킴으로써, 코칭 패러다임의 전환을 가져온다.

1) '선호하는 정체성' 강화 및 다차원적 이해

내러티브 코칭은 존재의 다양성을 있는 그대로 인정하는 측면과 존재에 영향을 끼친 맥락에 기반하여 그 사람의 정체성을 이해한다. 이 관점은 클라이언트의 경험을 단순히 개인의 내적 특성이나 성격으로 국한하지 않고, 문화적 · 사회적 · 조직적 · 역사적 맥락과 연결하여 다차원적이고 입체적으로 바라본다. 또한 개인과 조직을 고정되고 불변하는 본질로 파악하지 않고, 언어(담론)와 관계 속에서 지속적으로 형성되고 변화하는 유동적 존재로 이해한다. 이러한 점에서 특정 틀에 의한 기존의 진단이나 분석 중심의 접근과 근본적으로 차별화된다. 또한 내러티브 코칭은 '정답'을 강요하는 질문과 개입에 반문한다. 이러한 관점은 클라이언트로 하여금 다양한 이야기의 가능성을 탐색하도록 돕는다.

(1) 문제가 왜 문제인가

내러티브 코칭은 클라이언트를 문제가 내재된 존재로 진단하거나 병리적으로 해석하지 않는다. 대신, 클라이언트의 문제를 담론(Discourse)으로부터의 영향을 파악하고 클라이언트가 지배적인 사회적 이야기와 문화적 규범에 의해 형성된 자기 비난적이고 제한적인 내러티브로부터 벗어나도록 돕는다. 예를 들어, '나는 능력이 부족하다.'라는 자기 정의는 개인의 본질이 아니라 특정한 사회적 담론과 평가 체계가 만들어 낸 해석일 수 있다는 관점을 제공한다. 이러한 탈진단적 접근은 클라이언트에게 자기 정의의 권한을 돌려주고, 문제 중심의 정체성에서 벗어나 무한 가능성 중심의 정체성으로 이동하도록 촉진한다.

(2) 분절적 접근이 아닌 맥락적 탐색

코치는 클라이언트의 인식과 경험을 사회적 · 조직적 · 문화적 맥락과 연결하여 심층적으로 탐색함으로써, 클라이언트가 자신에 대한 의미 해석 차이, 권력 구조의 작용, 문화적 가치와 신념의 영향 등을 함께 고려하도록 돕는다. 이 과정은 문제를 개인적인 차원에서 다루는 것을 넘어, 클라이언트가 속한 사회적 맥락과 그 안에서 작동하는 담론을 비판적으로 성찰하게 한다. 이 과정은 정체성을 강화하여 선호하는 내러티브를 발견하는 데 견고한 기초가 된다. 이러한 맥락적 탐색은 클라이언트가 자신의 이야기를 더 풍부하고 복합적으로 이해하도록 도우며, 변화의 가능성을 다양한 차원에서 발견하게 한다.

2) '문제와 거리두기'를 통한 주체성 재구성

내러티브 코칭의 핵심 기법 중 하나인 문제와 거리두기는 클라이언트가 문제 자체나 갈등에 매몰되지 않고, 문제를 대상화함으로써 새로운 관점을 형성하도록 돕는다.

(1) 문제와 클라이언트의 분리

문제와 거리두기는 "문제가 문제이지, 사람이 문제가 아니다."라는 관점을 실천적이고 구체적으로 구현하는 강력한 기법이다. 이를 통해 클라이언트(개인 또는 조직)는 문제를 자신의 본질이나 정체성이 아닌, 자신과 분리된 외부적 대상으로 다루게 되며, 문제에 대한 과도한 책임과 비난의 부담에서 벗어난다. 예를 들어, '나는 우울한 사람이다.'가 아니라 '우울이라는 방해꾼이 내 인생에 찾아와 방해하기 시작했다.'로 언어를 전환함으로써, 클라이언트는 문제에 대한 새로운 관계적 위치를 확보하고 능동적으로 대응할 수 있는 심리적 공간을 차지한다. 이러한 거리두기 과정은 클라이언트가 문제를 자신과 동일시하는 것을 막고, 자신의 강점과 자원을 재발견할 수 있는 여지를 만들어 준다.

(2) 인식패턴의 재구성 촉진

내러티브 코칭은 문제나 갈등 그 자체에 초점을 두는 것이 아니라, 클라이언트가 공유하고 반복적으로 재생산하는 문제 중심의 지배적 이야기 틀을 전환하여 인식패턴을 근본적으로 재구성하도록 돕는다. 조직이나 기업 내 코칭에서는 팀이나 부서의 갈등 상황에서 구성원들이 공유하는 부정적이고 경직된 서사를 해체하고, 협력과 상호 존중을 기반으로 한 대안적 서사를 함께 창조하도록 촉진한다. 이 과정에서 구성원들은 서로를 문제의 원인으로 지목하는 대신, 공동의 문제에 대해 함께 해결하는 협력자로 재정의하게 되며, 이는 관계의 질적 변화와 팀 효능감 향상으로 이어진다.

(3) 클라이언트 중심의 내러티브

내러티브 코칭은 전문가의 진단이나 평가 중심이 아닌, 순수하게 클라이언트 중심의 내러티브와 의미 체계에 깊은 관심을 둔다. 이는 클라이언트의 잠재된 능력, 핵심 가치, 예외적 순간 그리고 지배적 이야기와 반하는 작은 성공 및 성취의 역사를 발견하고 확장하여 정체성 강화에 기여한다. 코치는 클라이언트가 자신도 이전에는 미처 인식하지 못했던 자원과 기술, 역량을 이야기 속에서 발견하도록 돕고, 이를 새로운 정체성 구성의 재료로 활용하도록 지원한다.

3) 협력적 관계

내러티브 코칭은 코치와 클라이언트의 관계 설정에 있어 위계적 관계가 아닌 협력적 관계를 강조한다.

(1) 공동 저자(Co-author) 역할 수행

내러티브 코칭에서는 코치가 클라이언트나 클라이언트의 상황에 대한 분석이나 해석자로서의 권위와 위계를 의도적으로 내려놓는다. 그 대신 클라이언트 삶의 내러티브를 함께 탐색하고 구성하는 평등한 공동 저자이자 협력적 탐구자로서 참여한다. 이는 권위와 전문성에 기반한 수직적 관계에서 벗어나 상호 존중과 능동적 참여, 의미의 공동 구성이라는 새로운 수평적인 윤리적 관계를 창출한다.

코치는 '무엇이 옳은가?'를 가르치는 교사나 컨설턴트가 아니라, '클라이언트가 바라는 클라이언트의 정체성이 무엇인지?'를 함께 탐색하는 동반자로서의 역할을 수행한다. 이러한 입장은 클라이언트의 자기 결정권과 전문성을 존중하며, 코칭 관계 자체를 치유적이고 임파워링하는 경험으로 만든다.

(2) 변화 가능성의 공동 인정

코치와 클라이언트 모두 변화 가능성과 다양한 의미 발견의 여지를 적극적으로 인정하며, 협력적 탐구를 한다. 코치는 '알지 못함'의 자세를 갖고 호기심 어린 대화를 통해 새로운 삶의 의미와 방향을 함께 만들어 간다. 이 과정에서 코치는 확정된 답을 가진 전문가가 아니라, 클라이언트와 함께 불확실성과 가능성의 공간을 탐험하는 공동 탐험가로 기능한다.

(3) 클라이언트의 주체성 촉진

클라이언트는 코치와 역동적이고 상호적인 협력 관계를 통해 자신의 삶과 변화 과정에 대한 실행 주체로서 책임감과 더불어 미래에 대한 희망과 가능성을 갖게 된다. 코치는 깊은 신뢰와 무조건적 존중을 바탕으로 클라이언트의 내러티브 변화를 촉진하고 지지하는 역할을 수행한다. 이는 코칭 관계의 질을 높여 클라이언트의 능동적이고 주도적인 참여를 보장하며, 코칭이 종료된 이후에도 클라이언트가 자기 삶의 저자로서 계속해서 성장할 수 있는 자신감과 마인드를 갖게 한다.

4) 사회적 정의 실천 및 적용 영역의 확장

내러티브 코칭은 클라이언트의 선호하는 심리사회적 정체성을 탐색하고 이를 강화시킴으로써, 심층적이고 내면적인 변화를 넘어 공동체와 사회적 변화 그리고 조직 문화의 혁신에 기여하는 광범위한 잠재력을 지닌다.

(1) 사회적 억압과 권력 구조에 대한 도전

내러티브 코칭은 개인의 이야기가 공동체와 사회에 미치는 영향과 상호작용을 비판적으로 분석한다. 이 과정은 사회적 담론과 문화적 서사에 은밀하게 내포된 사회적 억압, 차별, 불평등, 권력 구조에 의문을 제기하고 도전하는 사회적 정의 실천의 견고한 기초가 된다. 코칭 상황에서는 클라이언트가 조직이나 사회의 지배적 담론과 암묵적 규범을 가지고 스스로 자신의 정체성과 가능성을 어떻게 제약하고 억압해 왔는지를 해체하고 비판적으로 탐색한다.

예를 들어, 성별, 인종, 계층에 따른 지배적 서사가 개인의 자기 정의에 어떤 영향을 미쳤는지를 탐색하고, 이러한 담론을 뛰어넘는 대안적 정체성을 구성하도록 돕는다. 이는 코칭이 단순히 개인의 성과 향상을 넘어 사회적 변화와 정의에 기여하는 실천이 될 수 있음을 보여 준다.

(2) 개인의 변화와 사회적 변화의 연결

이러한 강점은 내러티브 코칭이 클라이언트 개인의 변화를 사회적 · 조직적 · 공동체적 변화와 연결한다는 점에서 다른 코칭 및 상담 이론과 근본적으로 차별화된다. 개인의 변화는 사회적 맥락 속에서 이루어지며, 개인의 새로운 서사는 다시 조직과 공동체의 담론에 영향을 미친다는 순환적 관점을 유지한다. 이는 미시적 변화와 거시적 변화를 통합적으로 바라보는 생태학적 관점을 제공한다.

(3) 다양한 영역으로의 이론적 토대 제공

내러티브 상담은 개인상담, 가족상담, 지역사회 변화, 문화적 치유 등 다양한 영역에서 강력한 이론적 토대와 실천적 방법론을 제공해 왔다. 내러티브 코칭 역시 개인 라이프 코칭을 넘어 리더십 개발, 조직 개발과 변화 관리, 팀 빌딩, 그룹코칭, 문화 변화 프로젝트 등 광범위하고 다양한 분야에서 실천의 견고한 이론적 기반이 되며, 각 영역의 특수한 맥락과 필요에 맞게 유연하게 적용될 수 있다. 특히 조직의 문화 변화나 팀의 협력 증진과 같은 집단 수준의 개입에서 내러티브 코칭의 담론 분석과 이야기 재구성 기법은 매우 효과적인 도구가 된다.

2. 내러티브 코칭의 적용 가능 분야

내러티브 코칭은 클라이언트의 이야기, 정체성, 가치 그리고 관계의 의미를 근본적이고 다층적으로 다루는 접근법이다. 따라서 단순한 지식이나 기술 습득, 표면적 행동 변화를 위한 코칭 영역을 넘어, 개인의 심리적 깊이와 내면 세계, 관계의 복잡성과 역동성 그리고 조직의 문화적 담론과 집단적 서사를 변화시킬 수 있다. 이러한 접근은 정체성 및 의미 중심의 근본적 변화가 요구되는 모든 영역에 광범위하고 강력하며 효과적으로 적용될 수 있다.

1) 라이프 코칭

내러티브 코칭은 개인 삶의 전반적인 서사와 생애 경험을 통합적으로 다루며, 자기 정의와 삶의 방향성을 재정립하고 새로운 가능성을 여는 데 핵심적이고 강력한 도구를 제공한다.

(1) 만성적인 문제에서 능동적 습관 변화 코칭

클라이언트가 '나는 늘 실패한다.' '나는 게으르다.' '나는 본질적으로 불안하다.' 같은 자기 정의로 오랜 기간 만성적이고 고착화된 문제 패턴을 겪을 때, 내러티브 코칭은 특히 효과적이다. 문제 외재화 대화를 통해 문제를 클라이언트의 본질이나 고정된 정체성에서 명확하게 분리하기 때문이다. 문제와 존재의 분리가 일어나면 클라이언트는 문제에 수동적으로 지배당하는 대신 문제에서 기회를 찾아내거나 전략적으로 협력하는 능동적이고 새로운 관계적 위치를 확보하도록 지원한다.

이로써 클라이언트는 문제에 대한 과도한 책임감과 자기 비난에서 벗어나 주체적인 대응 능력과 잠재된 자원을 재발견하게 된다. 또한 단기적 의지력이 아닌 정체성 변화에 기반한 지속 가능하고 내적으로 동기화된 습관 변화를 이루어 나갈 심리적 동력과 실천적 방향을 얻는다. 이 과정에서 클라이언트는 문제가 자신을 지배해 온 방식과 자신이 문제에 저항해 온 작은 성공들을 동시에 인식하게 되어, 변화의 가능성에 대한 현실적 희망을 갖게 된다.

특히 클라이언트가 시니어인 경우 각자 풍부한 내러티브를 지니고 있으므로, 그들 속에 잠들어 있는 시그니처를 깨워 고정된 정체성이나 얽혀 있으면서 반복되는 감정적 이슈에서 벗어날 수 있도록 돕는 데 유용한 도구로 활용된다.

(2) 경력 전환 및 정체성 재구성 코칭

경력 전환, 이직, 직무 변경, 창업, 은퇴와 같이 삶의 큰 전환기와 정체성 전환이 요구되는 시기에 내러티브 코칭은 필수적이고 매우 효과적인 도구가 된다. 클라이언트는 과거의 다양하고 복합적인 경험(심지어 실패, 좌절, 방황의 경험까지도)을 피해자나 무능력자의 시각이 아닌 주체적이고 학습하는 존재의 시각으로 재조망한다. 따라서 이전에 인식하지 못했거나 평가절하했던 자신의 능력, 핵심 가치, 숨겨진 자원, 예상치 못한 강점을 발견한다.

이를 기반으로 새로운 삶의 단계와 목표 그리고 변화된 환경에 부합하는 선호하는 정체성을 주체적으로 다시 쓰기 하며 의미 있고 실현 가능한 미래 서사를 구체적으로 설계한다. 이것이 중요한 이유는 불확실성 속에서도 명확한 목적의식과 자율성 그리고 자신의 선택에 대한 확신을 갖고 새로운 여정을 용기 있게 시작하도록 돕기 때문이다. 이러한 과정은 단순히 새로운 직업을 찾는 것을 넘어, 클라이언트가 자신의 삶 전체를 일관된 이야기로 통합하고 의미를 부여하도록 지원한다.

(3) 가치 및 비전 정립 코칭

제3단계 클라이언트 자원 탐색에서 세밀하게 탐색하는 예외적 순간(Unique Outcomes)과 시그니처 대화는 클라이언트가 자신의 삶에서 가장 중요하다고 여기는 핵심 가치와 신념 그리고 자신이 추구하는 삶의 의미를 명확하고 구체적으로 하도록 돕는다. 이러한 가치를 중심으로 삶의 방향성과 장기적 비전을 일관성 있게 재구성한다. 이에 따라 클라이언트가 자신의 가치에 부합하는 일상적이고 실천 가능한 행동 목표와 구체적인 실행 계획을 설정함으로써, 삶의 의미와 내적 일치를 경험하면서 깊은 차원의 지속 가능한 변화를 경험하도록 촉진한다. 이는 클라이언트가 타인의 기대나 사회적 압력이 아닌 자신의 진정한 가치에 기반하여 삶의 선택을 하도록 임파워먼트한다.

2) 리더십 및 조직 코칭

내러티브 코칭은 리더의 정체성과 철학뿐만 아니라 조직 내 관계적 역동, 권력 구조 그리고 조직 내 문화적 담론을 근본적으로 재검토할 수 있다. 또한 내러티브적 접근은 개인과 조직 전체의 효능감과 성과를 동시에 향상시키는 데 효과적으로 적용된다.

(1) 리더십 정체성 코칭

리더십 코칭에서 내러티브를 다루는 것은 리더가 자신에게 명시적으로나 암묵적으로 영향을 미치는 조직이나 사회의 지배적 담론과 경직된 리더 이미지 그리고 비현실적인 기대를 비판적으로 해체하도록 돕는다. 예를 들어, '리더는 늘 완벽해야 한다.' '리더는 약한 모습을 보여서는 안 된다.' '리더는 모든 답을 알고 있어야 한다.'라는 사회적 담론의 압박과 부담을 문제 외재화를 통해 객관화한다. 또한 자신의 핵심 가치와 진정성 그리고 독특한 강점에 기반한 선호하는 리더십 정체성으로 재저작하도록 지원한다. 예를 들면, 어떤 리더가 자신은 '감성적이고 나약한 리더'라고 인식하다가 코칭을 통해 스스로 자신을 '때로는 예민하지만 구성원의 심정을 잘 헤아릴 줄 아는 리더'로 자기 존재와 정체성에 대한 관점을 강화할 수 있다.

이를 통해 리더는 외부의 기대나 전통적 역할에 압도되거나 소진되지 않고, 자신의 진정성과 내적 일치에 기반한 리더십을 자신감 있게 발휘하게 된다. 결과적으로, 클라이언트는 더 주체적이며 진정성 있고 영향력 있는 지속 가능한 리더로 성장한다.

(2) 팀 시너지 코칭

조직 내 팀이나 부서 간의 갈등 상황, 세대 간 갈등, 또는 개인 간 지속적인 마찰에서 내러티브 코칭은 비난과 회피의 순환을 끊고 관계의 질적 변화와 협력적 문화를 도울 수 있다. 갈등을 겪는 당사자들을 '갈등 유발자'나 '문제 인물'이 아닌 '갈등'이라는 외부적 문제와 분리된 존재로 외재화하고, 과거에 협력에 성공했던 예외적 순간과 공유하는 공동의 가치 그리고 상호 존중의 경험을 의도적으로 탐색하고 확장한다.

이를 통해 구성원들은 서로를 문제의 원인으로 지목하고 비난하는 대신, 공동의 문제에 함께 맞서는 협력자이자 동료로 재정의하게 된다. 이는 상호 존중과 신뢰 그리고 공감을 기반으로 한 대안적 협력 서사를 공동으로 창조하게 만든다. 그 결과, 팀 시너지가 높아져 관계의 질적 변화와 팀 효능감 향상 그리고 조직 성과의 개선으로 자연스럽게 이어진다. 또한 이 과정은 구성원들이 갈등 해결의 주체로서 자신의 역할을 인식하고 실천하도록 임파워먼트한다.

(3) 조직 문화 및 변화 관리 코칭

조직의 지배적이고 부정적인 서사(예: '우리 회사는 관료적이고 비효율적이다.' '우리 팀은 낡은 운영방식에서 탈피할 수 없다.' '변화는 항상 실패한다.')를 비판적으로 탈구성하고, 과거와 현재의 성공적이고 의미 있는 예외적 순간, 조직의 숨겨진 강점 그리고 구성원들의 헌신적 노력을 체계적으로 발굴하여 긍정적이고 희망적이며 현실적인 조직 서사를 함께 재저작하는 데 강력하게 적용된다.

이러한 과정은 구성원들에게 새로운 집단 정체성과 공유된 비전 그리고 변화의 가능성에 대한 구체적 증거를 부여한다. 이를 통해 조직 변화에 대한 심리적 저항과 냉소주의를 낮추고 자발적인 동참과 능동적 참여를 유도하는 강력한 문화 변화 도구이자 변화 관리 전략으로 기능한다. 이는 톱다운 방식의 변화 관리가 아니라, 구성원들의 경험과 이야기에 기반한 보텀업 방식의 조직 변화를 가능하게 한다.

3) 상담과 코칭의 통합 역량 강화

내러티브 코칭은 내러티브 상담의 정체성 및 존재 중심의 구체적 접근방법과 실용적이고 미래 지향적인 코칭 방법론을 유기적으로 통합하여, 기존 상담 및 코칭 전문가들의 실천 역량을 확장시키고 전문성을 심화시킨다.

(1) 내러티브적 심층 대화 기술 습득

상담 및 코칭 전문가는 본서에서 제시된 이중 경청, 문제와 거리두기 대화, 시그니처 탐색 대화, 다시 쓰기 대화, 미래 선언, 다시 말하기 대화 등 내러티브 상담에서 오랜 기간 검증되고 효과가 입증된 구체적이고 구조화된 기법을 단계적이고 체계적으로 습득할 수 있다. 아울러 자신의 고유한 실천 영역과 맥락에 창의적으로 적용할 수 있다.

이러한 접근은 클라이언트의 문제를 다루는 방식에 깊이와 섬세함 그리고 이론적 근거를 더하고, 클라이언트의 자기 인식과 변화의 경로를 다각화하고 풍부하게 하는 데 실질적으로 기여한다. 또한 이러한 기법들은 전문가가 클라이언트와의 관계에서 더 윤리적이고 존중하는 태도를 유지하도록 돕는다.

(2) 상담과 코칭의 실천적인 통합

내러티브 코칭은 상담과 코칭의 경계를 넘나들며, 클라이언트의 내면적 탐색과 외부적 목표 달성을 동시에 지원하는 실천적 통합을 추구한다. 상담적 접근은 클라이언트의 내면 세계와 과거 경험의 의미를 깊이 탐색하고, 코칭적 접근은 보다 구체적인 행동계획과 목표 달성을 위한 실질적 전략을 제시한다. 이 두 접근이 유기적으로 결합될 때, 클라이언트는 자신의 이야기를 재구성하며 동시에 미래 지향적 변화를 실천할 수 있다.

실천 현장에서는 내러티브 코칭이 다양한 맥락에서 적용된다. 예를 들어, 직장인 클라이언트가 직무 스트레스를 경험할 때, 내러티브적 대화를 통해 스트레스의 원인과 의미를 탐색하고, 코칭적 기법을 활용해 구체적인 스트레스 예방과 관리 전략을 설정한다. 이 과정에서 전문가는 클라이언트의 내면적 자원을 발견하고, 이를 실질적 변화로 연결하는 중재자 역할을 수행한다.

상담과 코칭의 통합은 전문가의 역할에도 변화를 가져온다. 전문가는 단순히 문제 해결자나 목표 달성 촉진자가 아니라, 클라이언트의 이야기를 함께 재구성하고, 변화의 주체로서 동행하는 동반자로 자리매김한다. 이는 상담과 코칭의 본질적 목표를 실천적으로 구현하며, 클라이언트의 자기 인식과 실천 능력을 동시에 강화하는 데 기여한다.

부록 1 주요 용어 비교표

용어	의미	내러티브 상담의 용어
문제와 거리두기	문제와 사람을 분리하여 문제를 외부의 독립된 대상으로 객관적으로 바라보는 대화 기법	문제 외재화
문제와 거리두기 대화	문제와 거리두기 기법을 활용하는 4단계 대화 과정으로, 클라이언트가 문제에 이름을 붙이고 문제와 자신의 분리된 관계를 인식하도록 돕는다. 문제의 영향과 패턴을 탐색하며, 문제를 객관화해 해결 전략을 함께 모색한다.	입장 말하기 지도 I
시그니처	문제 중심의 지배적 이야기와 대비되는 클라이언트의 독특한 경험이나 행동, 즉 '예외'에 해당하는 긍정적이고 의미 있는 경험들을 뜻한다.	독특한 결과
시그니처 대화	시그니처를 발견하고 탐색하는 4단계 대화 기법이다. 클라이언트가 문제에 얽매이지 않고, 자신의 성공 경험이나 희망적인 순간들을 구체적으로 떠올리며 새로운 관점을 형성할 수 있게 한다.	입장 말하기 지도 II
선호하는 정체성	클라이언트가 희망하고 바라는 자신에 대한 긍정적이고 주체적인 정체성이다. 기존의 문제 중심 또는 부정적 자아상이 아닌, 삶의 의미와 가치를 반영하는 풍부하고 다층적인 내러티브를 의미한다.	선호하는 정체성
관계확장 대화	클라이언트가 사회적 관계 속에서 자신의 정체성과 내러티브를 재구성하도록 돕는 대화 기법이다.	회원재구성 대화
다시 쓰기	문제에서 벗어나 클라이언트가 원하는 새로운 삶의 이야기를 창조하는 과정으로 행동 영역과 정체성 영역으로 구성된다.	다시 쓰기

용어	의미	내러티브 상담의 용어
미래 선언	클라이언트가 자신의 미래 비전을 명확히 하고, 구체적인 행동계획을 선언하는 과정이다. 코치가 증인 역할을 하는 상태에서, 클라이언트가 원하는 삶의 방향을 주체적으로 선택하고 행동할 것을 함께 약속하는 단계이다.	정의예식
다시 말하기	미래 선언 과정에서 행해지는 3가지 코칭 대화 절차다. 말하기-다시 말하기(코치)-다시 말하기에 대한 다시 말하기로 이어진다.	다시 말하기
반영	미래 선언에서 코치가 클라이언트의 변화 경험과 학습을 듣고, 이에 대해 인용, 이미지, 회상, 다짐 등의 다시말하기 방식을 일괄적으로 표현하는 말이다. 반영을 통해 클라이언트의 변화가 현실적이고 지속 가능하도록 돕는다.	반영

✔ 주요 용어 참고 자료

[글 상자 1] 사회구성주의 시각의 특징 22쪽

[글 상자 2] 내러티브 코칭에서 코치가 피해야 할 4가지: 구/지/주/나 48쪽

[글 상자 3] 문제와 거리두기 대화 프로세스 74쪽

[글 상자 4] 시그니처 찾기 대화 프로세스 85쪽

[글 상자 5] 2단계 다시 말하기: 코치의 반영 114쪽

부록 2 내러티브 코칭 대화 프로세스와 질문

✔ 내러티브 코칭 프로세스별 질문

코칭은 전체 세션이 비구조화된 상태 안에서 진행된다. 그러나 각각의 세션은 대화모델을 기반으로 코칭 대화 프로세스가 전개되는 것이 일반적이다. 내러티브 코칭을 보다 안정감 있게 진행하려면 구조화된 논리와 틀을 먼저 이해하고, 아래 프로세스별 질문 예시를 참고하여 응용하는 것을 추천한다. 이렇게 준비할 때 클라이언트에게 효과성과 효율성 측면에서 도움을 줄 수 있다.

구분	프로세스 단계	세부 내용	주요 기법	코치 질문 예시
1	주제와 세션 목표	• 클라이언트와 관계맺기 • 코칭 주제와 목표 합의	라포 형성 (rapport)	• 요즈음 고민하고 계시는 것이나, 느끼시는 어려움 중에 오늘 저와 함께 나누고 싶은 이야기가 있을까요? • 말씀하시는 내용을 들으니 ~에 대한 고객님의 간절한 마음이 느껴지네요.
			이중 경청 (double listening)	• ~~ 관점으로도 보이네요. 예) 그 부분이 고민이라는 말씀을 들으니, ~에 대한 간절한 바람이 있다는 것을 알 수 있네요. 예) 배신당했다는 것은 그만큼 그 사람에게 진심으로 대해 오신 분이란 걸 알 수 있네요.

			주제 및 목표 합의 (topic and goal)	• 코칭 주제를 어떻게 표현하면 좋을까요? • 코칭을 통해 어떤 결과를 얻으면 만족스러우실까요?
2	문제와 거리두기	• 문제와 거리두기	문제와 거리두기 (externalization)	• 문제에 대해 쭉 말씀해 주셨는데, 그 문제에 이름을 붙인다면 어떤 이름이 어울릴까요?
			문제와 거리두기 대화 (statement of position I)	• 그 어려움이 일상에 미친 영향은 어떤 것들이 있을까요? • 그 영향에 대해 자신은 어떤 입장을 가지고 있나요?
3	자원 탐색	• 시그니처 찾기 • 선호하는 정체성 탐색	시그니처 찾기 (unique outcomes)	• 이제까지 살아오시면서 중요하게 여기고 실천해 온 것들은 무엇인가요? • 그것이 자신의 어떤 면을 말해주는 것일까요?
			시그니처 탐색 대화 (statement of position II)	• 그 문제를 대하실 때 평소와는 조금이라도 다르게 시도해 보신 방법은 어떤 것이 있나요?
4	대안적 내러티브 구성	• 선호하는 정체성 강화	관계확장 대화 (re-membering)	• 고객님의 인생에서 의미 있는 분들은 어떤 분이 있나요? • 그분은 어떤 분이신가요?
			다시 쓰기 (re-authoring)	• 자기 자신을 잘 나타내는 에피소드가 있다면 들려주실래요? • 그때의 행동은 무엇이 중요해서 그렇게 하신 걸까요?
5	미래 내러티브 설계	• 미래 행보 설계	미래 선언 (definition ceremony)	• 고객님이 계획하시는 다음 행보는 어떤 것인가요? • 그 행보는 앞서 말씀해 주신 고객님이 좋아하는 자신의 모습과 어떻게 연결되나요?
			반영 (reflection)	• 고객님이 나누어 주신 이야기를 들으며, 저도 제 인생에서의 태도에 대해 ~부분에 대해 영향을 받고 다시금 생각하게 되었습니다.

부록 3 내러티브 코칭 단계별 대화 사례

#사례 연구 16 배신감으로 인해 인간관계에 어려움을 겪는 클라이언트

1단계: 주제와 세션 목표 합의

코치: 오늘 저와 어떤 이야기를 나누면 좋을까요?

클라이언트: 가장 믿었던 친구에게 배신당했어요. 제 험담을 하고 다녔더라고요. 인간관계에서 또 상처를 받았어요. 저는 늘 이런 식이에요. 사람 보는 눈도 없고, 쉽게 마음을 주니까 항상 상처만 받아요. 저는 그냥 상처받기 쉬운 사람인가 봐요.

코치: 아~ 그러시군요. 가장 믿었던 친구에게 배신당하고 상처를 받으셨으니 정말 힘드셨겠네요. 그만큼 친구를 진실된 마음으로 대하셨다는 느낌이 드네요. (이중 경청)

클라이언트: 예. 힘들었어요. 지금도 힘들고요.

코치: 그러시군요. 그럼 오늘의 코칭 주제를 뭐라고 정의하면 좋을까요? (주제 합의)

클라이언트: 잘 모르겠어요. 그냥 사람이 다 싫네요. 늘 상처받는 저도 싫고요.

코치: 그런데도 이렇게 코칭을 하시겠다는 마음을 가지셨네요. 코칭을 신청하실 때 어떤 기대가 있었을 것 같은데요.

클라이언트: 저는 인간관계가 어려워요. 배신당하는 일만 생기고요. 그래서 배신 안 당하고 건강한 인간관계는 어떻게 만드는지 이야기하고 싶었어요. 괜찮은가요?

코치: 그 마음을 한 문장으로 만들면 어떻게 말할 수 있을까요? (주제 확인)

클라이언트: 건강한 인간관계 만들기요.

코치: 예, 건강한 인간관계, 좋습니다. 그럼 오늘 저와 대화를 통해 어떤 결과를 얻으면 만족할까요? (코칭 목표 합의)

클라이언트: 제 마음이 편해질 수 있으면 좋겠어요. 이런 일로 제가 더 이상 스트레스받지 않고 사람들과 좋은 관계를 유지하는 방법을 알고 싶어요.

코치: 자기 자신을 소중히 여기면서도 다른 사람과의 좋은 관계를 유지하는 것에 대해 생각하시는 마음이 느껴집니다.

클라이언트가 언급했던 '상처'라는 경험이 자신의 본질적인 특성, 즉 정체성과 동일시하고 있다("나는 상처받기 쉬운 사람이다.")는 것이 문제 중심의 이야기라 할 수 있다. 이것이 클라이언트를 무력하게 만들고 있다. 코치는 이 문제 이야기를 해체하고 새로운 이야기의 가능성을 여는 대화를 시작한다.

2단계: 문제와 거리두기

코치는 클라이언트가 스스로를 '늘 상처받는 사람'이라는 정체성 규정에서 문제를 분리하여, '상처'를 외부의 독립된 존재처럼 다룬다.

코치: 아까 상처받기 쉬운 사람이라고 표현하셨는데 그 '상처'라는 것이 찾아왔을 때, 자신에게 어떤 영향을 끼치나요? ('상처받은

자신'이 아니라, '상처가 자신에게 찾아왔다.'라는 언어를 사용하여 문제와 사람을 분리한다.)

클라이언트: 아무것도 할 수가 없었어요. 배신감에 아무 생각도 안 나요. 그러다 보면 모든 게 다 제가 문제인 것 같아요.

코치: 그렇게 느끼시는군요. 혹시 그 '배신으로 인한 상처'에 이름을 붙여 준다면 뭐라고 부르고 싶으신가요? (문제에 이름을 붙여 대상화함으로써 클라이언트가 문제와 거리를 두고 관계를 맺을 수 있도록 돕는다.)

클라이언트: 이름이요? 음…… '도둑' 같아요. 제가 사람에게 가졌던 좋은 기대감이나 기분을 순식간에 훔쳐 가 버리니까요.

코치: 아, '도둑'이군요. 그 도둑이 훔쳐 간 것이 기대감이나 기분이 있다고 하셨는데 그밖에 어떤 것을 또 훔쳐 갔나요? (문제가 클라이언트의 삶에 미친 결과를 탐색하게 하여, 문제의 영향력을 객관적으로 보도록 돕는다.)

클라이언트: 제 일상을 훔쳐 갔죠. 일에 집중도 안 되니 성과도 안 나고, 밥맛도 없어서 아무것도 안 먹고 싶어요. 배는 고픈데도 먹고 싶은 생각이 안 들어요. (영향 파악)

코치: 그 도둑이 훔쳐 간 것을 잘 알고 계시네요. 그렇다면 그렇게 도둑이 ○○ 님의 것을 훔쳐 가는 것에 대해서는 어떤 입장이세요? (문제에 대한 클라이언트의 입장에 대해 생각하게 함)

클라이언트: 당연히 싫죠.

코치: 그럼 어떻게 하고 싶으신가요? (문제와의 관계에 대해 클라이언트의 주도성을 질문함)

클라이언트: 아무것도 훔쳐 가지 못하게 하고 싶어요. 특히 제 기분은 꼭 지키고 싶어요.

코치: 왜 그렇게 생각하신 걸까요?

클라이언트: 사실, 기분이 망쳐지니 밥도 안 먹고 싶은 거고, 일도 하기 싫은 것 같거든요. 그래서 기분을 잘 잡고 싶어요.

3단계: 자원 탐색

코치는 클라이언트의 삶에 존재한 '도둑'의 지배적인 이야기 속에서 벗어나 클라이언트가 문제의 영향에 저항했거나 다른 선택을 했던 예외적인 순간을 탐색한다.

코치: 도둑이 자기 기분을 훔쳐 가지 못하게 어떻게 하고 계시나요? (구체적인 문제 조절에 대해 질문)

클라이언트: 네. 운동을 하면 좀 나아요.

코치: 오, 방법을 벌써 한 가지 알고 계시는군요. 운동을 하면 어떻게 달라지나요?

클라이언트: 저는 뛰는 것을 좀 하는데 뛰는 동안은 생각도 잘 안 나고, 뛰고 나서 샤워하고 나면 기분이 훨씬 가벼워지더라고요.

코치: 오, 도둑으로부터 지킬 수 있는 좋은 방법이겠네요. 운동 말고 또 어떤 방법이 있나요?

클라이언트: 인간관계 책을 좀 읽어요. 책이 없으면 명언이라도 찾아 읽으려고 해요.

코치: 그렇게 하면 어떤 효과가 있나요?

클라이언트: 일단 '나만 힘든 게 아니구나. 나만 문제가 아니구나.'를 생각하게 돼요. 공감받는 느낌이 드니까 제 자존심도 덜 상하게 되고요. 그리고 글을 읽어서 그런지 좀 차분해져요.

코치: 상당한 효과를 경험하셨네요. 그 방법은 어떻게 알게 되셨어요?

클라이언트: 사람 때문에 힘들어지니까 또 다른 사람을 찾는 게 어렵더라고요. 예전에는 다른 사람들을 막 찾았는데 오히려 더 꼬이거나 후회가 되기도 하더라고요.

코치: 그런 경험을 좋은 방법을 찾아내는 지혜로 쓰셨군요. 그리고 오늘 ○○ 님은 이 자리에 나와서 그 이야기를 꺼내고 계시네요. 그 도둑에게 모든 것을 빼앗기지 않으려는 강한 의지가 느껴집니다.

클라이언트: 그렇게 거창한 건 아니지만…… 아무튼 이대로는 안 되겠다는 생각이 들었어요. 계속 이러다가는 정말 아무도 못 믿게 될 것 같아서요.

코치: 아, '이대로는 안 되겠다'는 마음이셨군요. 그 마음은 '도둑'의 목소리와는 다른, ○○ 님 자신의 목소리처럼 들리네요. 그 목소리는 ○○ 님이 어떤 관계를 소중하게 여기는 분이라는 걸 말해주고 있나요? (독특한 결과와 정체성-코칭에 참가한 행동의 근거를 질문하여 클라이언트가 중요하게 여기는 가치와 연결한다.)

클라이언트: 저는…… 그래도 사람들과 진실하게 연결되고 싶어요. 상처가 두렵다고 소중한 관계마저 포기하고 싶지는 않아요.

4단계: 대안적 내러티브 구성

코치는 발견된 독특한 결과와 그 안에 담긴 가치를 씨앗 삼아, 클라이언트가 선호하는 새로운 이야기를 구성하고 주체적인 정체성을 찾도록 돕는다.

코치: 방금 '진실한 연결을 포기하고 싶지 않다.'라고 말씀하셨어요.

그 말씀은, '늘 상처받는 사람'이라는 이야기 대신, '진실한 관계를 추구하는 용기를 가진 사람'이라는 새로운 이야기를 들려주는 것 같아요. 이 이야기는 어떻게 들리시나요? (문제 중심 정체성을 클라이언트의 가치가 반영된 선호하는 정체성으로 재구성한다.)

클라이언트: (잠시 생각하다가) ……용기까지는 모르겠지만, 그렇게 살고 싶은 건 맞아요. 누군가가 준 상처에 끌려다니고 싶지는 않아요.

코치: 그렇군요. 그렇다면 앞으로 그 '도둑'이 다시 찾아오려고 할 때, '진실한 관계를 추구하는 ○○ 님'은 어떻게 다르게 반응하고 싶으신가요? 그 소중한 가치를 지키기 위해 무엇을 할 수 있을까요? (새로운 이야기를 실제 삶에서 실현하고 강화할 수 있도록 구체적인 실천을 탐색한다.)

클라이언트: 음…… 무조건 마음을 다 주기보다, 조금 더 시간을 갖고 상대를 알아 가려고 노력할 것 같아요. 그리고 제 마음이 힘들 때 그걸 표현하는 연습도 하고 싶어요. 숨지 않고요.

5단계: 미래 내러티브 설계

코치: 앞서 말씀하신 '진실한 관계를 추구하는 사람'이라는 말씀이 유난히 와닿았어요. 그 이야기가 3개월 뒤 ○○ 님의 삶에서 어떻게 살아 움직이고 있을까요?

클라이언트: 음…… 그때쯤이면 누군가와 깊은 관계를 맺고 있을 수 있겠죠. 예전처럼 무작정 마음을 주는 게 아니라, 서로를 알아 가면서요.

코치: 그렇군요. 그 3개월 뒤의 ○○ 님은 하루를 어떻게 시작하고

있을까요? 아침에 눈을 떴을 때부터 잠들기 전까지, 어떤 모습으로 살아가고 계실까요?

클라이언트: 아침에 일어나면, 오늘 누구를 만나 어떤 대화를 나눌지 기대할 것 같아요. 예전엔 사람을 만나는 게 두려웠는데, 지금은 조심스럽지만 설레는 마음이 있어요.

코치: 그 설렘은 어떤 감정인가요? 몸이나 마음에서 어떻게 느껴지시나요?

클라이언트: 가슴이 좀 따뜻해지는 느낌이요. 예전엔 긴장으로 굳어 있었는데, 지금은 부드럽고 편안한 느낌이에요.

코치: 그 따뜻한 마음으로 하루를 시작하는 자신에게, 어떤 말을 건네고 계실까요?

클라이언트: '오늘도 진심을 잃지 말자.'라고 말할 것 같아요.

코치: 그 말은 ○○ 님이 어떤 사람이라는 걸 보여 주는 말인가요?

클라이언트: 진심을 지키는 사람. 그리고 그 진심을 나눌 줄 아는 사람.

코치: 그렇다면 그 사람은 앞으로 그 진심을 지키며 살아가기 위해, 이번 달에는 어떤 행동을 해 보고 싶으세요?

클라이언트: 음…… 한 사람을 정해서, 조금씩 대화를 나눠 보고 싶어요. 제 감정을 솔직하게 표현하는 연습도 하고요.

코치: 오 그렇군요. 그럼 이번 주에는 어떤 작은 첫걸음을 시작해 볼 수 있을까요?

클라이언트: 회사 동료 중 한 명에게 차 한잔하자고 말해 볼게요. 그냥 일 얘기 말고, 서로에 대해 조금 더 알아 가는 대화를 해 보고 싶어요.

코치: 그 대화를 나눌 때, ○○ 님은 어떤 마음으로 임하고 싶으세요?

클라이언트: 상대방을 조심스럽게 존중하면서도, 제 진심을 조금씩 보여 주고 싶어요.

코치: 그 행동은 ○○ 님이 어떤 사람이라는 걸 표현해 주는 걸까요?

클라이언트: 진심을 나누는 사람. 그리고 관계를 소중히 여기는 사람…….

코치: 좋아요. 그 이야기를 오늘 이 자리에서 선언해 보신다면, 어떻게 표현하고 싶으세요? (미래 선언)

클라이언트: 저는 앞으로, 상처를 두려워하기보다 진심을 나누는 삶을 살고 싶습니다. 조심스럽지만 용기 있게요.

코치: 그 선언은 정말 강력한 메시지네요. 진심을 나누는 삶을 소망하시는 ○○ 님의 말씀을 들으면서, 저도 저를 다시 돌아보게 되었어요. 그러면서 매일 사람을 만나는 코치로서 저의 진심에 대해서도 깊이 있게 생각해 봐야겠다는 생각도 들었습니다. 감사합니다. (다시 말하기-반영)

클라이언트: 그렇게 말씀해 주시니 감사하고요, 덕분에 제가 더 단단해진 것 같고 오늘 좋은 걸 배우게 되었습니다. (다시 말하기에 대한 다시 말하기)

이처럼 내러티브 코칭 대화는 '나는 상처받기 쉬운 사람이다.'라는 고정된 현실(이야기)에서 시작하여, 문제와 거리두기를 하여 문제에 끌려가는 것이 아닌, 자신의 방식으로 문제를 비롯한 삶을 조정해 나가는 시그니처를 발견하게 한다. 그리고 최종적으로 '상처에도 불구하고 관계를 포기하지 않는 주체적인 사람'이라는 새로운 현실(선호하는 이야기)을 클라이언트와 함께 만들어 가는 과정이다.

부록 4 이해도 Test

1. 내러티브 코칭의 핵심 철학인 "문제가 문제이지, 사람이 문제가 아니다."라는 말의 의미를 가장 잘 설명한 것은 무엇입니까?

A. 문제를 해결하기 위해 조직의 구조적 부조리를 비판한다.

B. 문제를 개인의 정체성과 분리하여 외부 대상으로 바라본다.

C. 문제의 원인을 개인의 내면적 결함이나 병리에서 찾으려 한다.

D. 문제 상황 자체보다는 그로 인해 발생하는 감정에 집중한다.

2. 내러티브 코칭의 기본이 되는 내러티브 상담의 핵심 인물들로 구성된 것은?

A. 머레이 보웬과 이반 보스조르메니-나지

B. 살바도르 미누친과 버지니아 사티어

C. 미셸 푸코와 자크 데리다

D. 마이클 화이트와 데이비드 엡스턴

3. 내러티브 코칭에서 클라이언트의 삶에서 문제의 영향력이 없었거나 약했던 예외적인 순간을 찾아내어 새로운 이야기의 출발점으로 삼는 기법은 무엇인가?

A. 관계확장 대화(Re-membering)

B. 문제와 거리두기(Externalization)

C. 해체(Deconstruction)

D. 시그니처(Unique Outcomes)

4. 내러티브 코칭에서 코치의 역할에 대한 설명으로 가장 적절한 것은 무엇인가?

A. 클라이언트와 함께 새로운 이야기를 만들어 가는 공동 저자(co-author)

B. 가족 내 잘못된 상호작용 패턴을 직접 수정하는 지시자

C. 클라이언트의 문제를 정확히 진단하고 해결책을 제시하는 전문가

D. 클라이언트의 이야기를 객관적으로 분석하고 해석하는 관찰자

5. 클라이언트가 자신의 삶에 긍정적 또는 부정적 영향을 미친 인물들과의 관계를 재평가하고, 이를 통해 자신의 정체성을 새롭게 구성하도록 돕는 기법은 무엇인가?

A. 선호하는 이야기

B. 문제 거리두기

C. 관계확장 대화

D. 미래 선언

6. 클라이언트가 재구성한 '선호하는 이야기'를 이야기하고, 코치는 그 이야기를 바탕으로 다시 말하기를 하며 클라이언트의 새로운 정체성을 사회적으로 인정받고 강화하는 의례적 과정을 무엇이라고 하는가?

A. 미래 선언

B. 담론 해체

C. 다시 쓰기

D. 문제 거리두기 대화

7. 내러티브 코칭의 '해체(Deconstruction)' 과정에서 코치가 하는 질문으로 가장 적절한 것은 무엇인가?

A. "그 문제를 해결하기 위해 어떤 노력을 해 보셨나요?"

B. "과거에 비슷한 경험이 또 있었나요?"

C. "그렇게 행동했을 때 기분이 어떠셨어요?"

D. "그렇게 생각하는 것이 왜 당연하다고 여기게 되셨나요?"

8. 내러티브 코칭의 '선호하는 이야기(Preferred Story)'에 대한 설명으로 가장 옳은 것은 무엇인가?

A. 과거의 실패 경험을 모두 잊고 미래의 성공에만 집중하는 이야기다.

B. 클라이언트가 중요하게 여기는 가치와 삶의 방향성을 반영하는 이야기다.

C. 코치가 전문가적 분석에 따라 클라이언트에게 가장 이상적인 해결책을 내려 주는 이야기다.

D. 단순히 문제의 반대편에 있는 긍정적인 이야기만을 의미한다.

9. 내러티브 코칭 대화가 본질적으로 가장 중점적으로 지향하는 것은?

A. 클라이언트의 선호하는 정체성 및 존재

B. 문제적 이야기

C. 클라이언트의 자원 찾기

D. 긍정적 격려

10. '내러티브 코칭'에서 코치가 지향해야 하는 자세와 가장 가까운 것은?

A. 구출하기

B. 코치가 주도하기

C. 지시하기

D. 탈중심적이면서 영향력 있는

이해도 Test 정답

구분	1	2	3	4	5	6	7	8	9	10
정답	B	D	D	A	C	A	D	B	A	D

참고문헌

고미영, 고정은, 권희영, 김민화, 김사라, 김유숙, 김은영, 김혜경, 박숙현, 빈미향, 신영화, 안미옥, 이경욱, 이선혜, 이은주, 최지원, 한석준(2023). **내러티브상담**. 서울: 학지사.

이선혜(2021). **이야기치료** (상담 및 심리치료 이론시리즈16). 서울: 학지사.

Drake, D. B. (2017). *Narrative coaching: The definitive guide to bringing new stories to life*. Pro Coach Publishing.

Foucault, M. (1972). *The Archaeology of Knowledge* (A. M. Sheridan Smith, Trans.). Pantheon Books.

Freedman, J. & Combs, G. (1996). *Narrative therapy: The social construction of preferred realities*. New York: W. W. Norton & Company.

White, M. (2007). *Maps of narrative practice*. New York, NY: W. W. Norton.

White, M. & Epston, D. (1990). *Narrative means to therapeutic ends*. New York: W. W. Norton & Company.

White, M. (1995). *Re-authoring lives: Interviews and essays*. Adelaide, South Australia: Dulwich Centre Publications.

저자 소개

고정은(Jung Eun Ko)

경희사이버대학교 상담심리학과 교수로 재직하며, 상담과 코칭 그리고 내러티브 접근을 토대로 인간의 삶과 변화 과정을 탐구해 온 상담 · 코칭 전문가이자 교육자다. 그는 상담과 코칭을 단순한 문제 해결의 기술이 아니라, 개인이 자신의 삶을 새롭게 이해하고 의미를 재구성해 가는 관계적 실천으로 바라보며 두 영역을 통합적으로 적용해 왔다.

미국 University of Michigan에서 사회사업학 석사(MSW)를, 중앙대학교 일반대학원에서 사회복지학 박사 학위를 취득하였다. 사회복지사 1급, 전문상담사 1급(한국상담학회), 부부가족상담전문가 1급(한국가족치료학회), 내러티브상담 전문가(한국내러티브상담학회) 자격을 바탕으로 상담 현장에서 활발히 활동해 왔고, 국제코칭연맹(ICF) 인증 전문코치(PCC)와 한국코치협회 인증 전문코치(KPC)로서 코칭 현장에서 전문적인 활동을 이어 오고 있으며, 국제코칭연맹(ICF) 한국챕터 부회장(2026~2027)으로서 코칭 분야의 성장과 확산을 위한 공적 역할을 수행하고 있다.

『내러티브상담 질문카드』 개발과 『내러티브상담』(공저) 등 내러티브상담 분야의 저술 및 연구 활동을 이어 왔으며, 내러티브상담에서 축적되어 온 유용한 기법을 오정근 교수와 함께 코칭의 맥락에 적용하는 실천적 작업을 지속해 왔다. 그 결과, 제21회 코칭컨페스티벌에서 『내러티브 커리어 코칭』을 발표하였고, 제22회 코칭컨페스티벌에서는 『AI와 내러티브 코칭의 만남』을 발표하였다. 이 책은 이러한 연구와 실천의 연장선에서, 내러티브상담의 철학과 대화 방식을 코칭 장면에 적용하여 상담과 코칭 사이의 간극을 잇는 실천적 브릿지를 제시하고자 한 결과물이다.

오정근(Jung Keun Oh)

국민대학교 교양학부와 일반대학원 문화교차학과의 겸임교수로 재직 중이며, 숭실대학교 교육대학원과 단국대학교 경영대학원에서도 강의를 했었다. 그는 철학의 지혜, 특히 감정철학을 코칭을 접목하는 독특한 접근을 해 오고 있다. 내러티브 상담 역시 포스트 모더니즘이라는 철학을 기초로 하고 있다는 것을 알게 되면서 두 영역의 확장 가능성에 매료되었다.

연세대학교에서 HRD 석사를, 국민대학교 일반대학원에서 문화학 박사 학위를 취득했다. (주)하우코칭에서 파트너코치로, 하우코치사관학교에서 10년째 전임교수로 활동 중이다. 국제코칭연맹(ICF) 인증 전문코치(PCC), 한국코치협회 인증 전문코치(KPC)로서 리더십, 커리어, 라이프 코칭 분야에서 폭넓게 경험을 축적해 왔다. 코칭 연구와 문화 확산에 기여한 공로로 2023년 한국코치협회 올해의 코치상을 수상했다.

『오정근의 커리어 코칭』은 2022년 한국코치협회 올해의 코치 도서상 최우수상을, 『오정근의 감정 코칭』은 2025년 한국코치협회 올해의 코치 도서상 우수상을 수상했다. 『열린 학습 강한 기업』 『떨리는 강사 설레는 강사』 『스피노자의 윤리학』을 공저했으며, (사)국제인공지능윤리협회에서 자문을 맡고 있다.

내러티브상담코칭

-자기 내러티브 안에 답이 있다-

Narrative Coaching Based on Narrative Therapy

2026년 2월 20일 1판 1쇄 인쇄
2026년 2월 25일 1판 1쇄 발행

지은이 • 고정은 · 오정근

펴낸이 • 김진환
펴낸곳 • (주) 학지사
04031 서울특별시 마포구 양화로 15길 20 마인드월드빌딩
대표전화 • 02)330-5114 팩스 • 02)324-2345
등록번호 • 제313-2006-000265호

홈페이지 • http://www.hakjisa.co.kr
인스타그램 • https://www.instagram.com/hakjisabook

ISBN 978-89-997-3653-7 93180

정가 15,000원

저자와의 협약으로 인지는 생략합니다.
파본은 구입처에서 교환해 드립니다.